蔣經國大事日記
（1985）

Daily Records of Chiang Ching-kuo, 1985

民國日記｜總序

呂芳上
民國歷史文化學社社長

人是歷史的主體，人性是歷史的內涵。「人事有代謝，往來成古今」（孟浩然），瞭解活生生的「人」，才較能掌握歷史的真相；愈是貼近「人性」的思考，才愈能體會歷史的本質。近代歷史的特色之一是資料閎富而駁雜，由當事人主導、製作而形成的資料，以自傳、回憶錄、口述訪問、函札及日記最為重要，其中日記的完成最即時，描述較能顯現內在的幽微，最受史家重視。

日記本是個人記述每天所見聞、所感思、所作為有選擇的紀錄，雖不必能反映史事整體或各個部分的所有細節，但可以掌握史實發展的一定脈絡。尤其個人日記一方面透露個人單獨親歷之事，補足歷史原貌的闕漏；一方面個人隨時勢變化呈現出不同的心路歷程，對同一史事發為不同的看法和感受，往往會豐富了歷史內容。

中國從宋代以後，開始有更多的讀書人有寫日記的習慣，到近代更是蔚然成風，於是利用日記史料作歷史研究成了近代史學的一大特色。本來不同的史料，各有不同的性質，日記記述形式不一，有的像流水帳，有的生動引人。日記的共同主要特質是自我（self）與私密（privacy），史家是史事的「局外人」，不只注意史實的追尋，更有興趣瞭解歷史如何被體驗和講述，這時對「局內人」所思、所行的掌握和體會，日記便成了十分關鍵的材料。傾聽歷史的聲音，重要的是能聽到「原音」，而非「變音」，日記應屬原音，故價值高。1970年代，在後現代理論影響下，檢驗史料的潛在偏見，成為時尚。論者以為即使親筆日記、函札，亦不必全屬真實。實者，日記記錄可能有偏差，一來自時代政治與社會的制約和氛圍，有清一代文網太密，使讀書人有口難言，或心中自我約束太過。顏李學派李塨死前日記每月後書寫「小心翼翼，俱以終始」八字，心所謂為危，這樣的日記記錄，難暢所欲言，可以想見。二來自人性的弱點，除了「記主」可能自我「美化拔高」之外，主觀、偏私、急功好利、現實等，有意無心的記述或失實、或迴避，例如「胡適日記」於關鍵時刻，不無避實就虛，語焉不詳之處；「閻錫山日記」滿口禮義道德，使用價值略幾近於零，難免令人失望。三來自旁人過度用心的整理、剪裁、甚至「消音」，如「陳誠日記」、「胡宗南日記」，均不免有斧鑿痕跡，不論立意多麼良善，都會是史學研究上難以彌補的損失。史料之於歷史研究，一如「盡信書不如無書」的話語，對證、勘比是個基本功。或謂使用材料多方查證，有如老吏斷獄、法官斷案，取證求其多，追根究柢求其細，庶幾還原案貌，以證據下法理註腳，盡力讓歷史真相水落可石出。是故不同史料對同一史事，記述會有異同，同者互證，異者互勘，於是能逼近史實。而勘比、互證之中，以日記比證日記，或以他人日記，證人物所思所行，亦不失為一良法。

從日記的內容、特質看，研究日記的學者鄒振環，曾將日記概分為記事備忘、工作、學術考據、宗教人生、游歷探險、使行、志感抒情、文藝、戰難、科學、家庭婦女、學生、囚亡、外人在華日記等十四種。事實上，多半的日記是複合型的，柳貽徵說：「國史有日歷，私家有日記，一也。日歷詳一國之事，舉其大而略其細；日記則洪纖必包，無定格，而一身、一家、一地、一國之真史具焉，讀之視日歷有味，且有補於史學。」近代人物如胡適、吳宓、顧頡剛的大部頭日記，大約可被歸為「學人日記」，余英時翻讀《顧頡剛日記》後說，藉日記以窺測顧的內心世界，發現其事業心竟在求知慾上，1930 年代後，顧更接近的是流轉於學、政、商三界的「社會活動家」，在謹厚恂恂君子後邊，還擁有激盪以至浪漫的情感世界。於是活生生多面向的人，因此呈現出來，日記的作用可見。

晚清民國，相對於昔時，是日記留存、出版較多的時期，這可能與識字率提升、媒體、出版事業發達相關。過去日記的面世，撰著人多半是時代舞台上的要角，他們的言行、舉動，動見觀瞻，當然不容小覷。但，相對的芸芸眾生，識字或不識字的「小人物」們，在正史中往往是無名英雄，甚至於是「失蹤者」，他們如何參與近代國家的構建，如何共同締造新社會，不應該被埋沒、被忽略。近代中國中西交會、內外戰事頻仍，傳統走向現代，社會矛盾叢生，如何豐富歷史內涵，需要傾聽社會各階層的「原聲」來補足，更寬闊的歷史視野，需要眾人的紀錄來拓展。開放檔案，公布公家、私人資料，這是近代史學界的迫切期待，也是「民國歷史文化學社」大力倡議出版日記叢書的緣由。

蔣經國大事日記　導言

呂芳上
民國歷史文化學社社長
中央研究院近代史研究所兼任研究員

一、

許多人多注意到年輕一代的新新人類，多半要掌握的是立即、當下，要捕捉的是能看得見、聽得到、抓得住的事事物物，視芸芸之人眾生平等，不把「大咖」人物看在眼裡，昨天的事早早忘卻，明天和過去的歷史，更屬虛無又飄渺。即使對一般人，說美國總統川普（Donald Trump），很多人或還記得，談歐巴馬（Barack Obama），即已印象模糊。老蔣、老毛何許人也？知其名未必悉其實，小蔣（經國）、老鄧（小平）印象就沒那麼深刻。在臺灣，坊間對蔣經國評價不一，民間有人把「蔣經國」以臺語諧音說成「酒精國」，雖屬戲謔之語，反見親切。這時代，有人這麼說：一轉身，光明黑暗都成故事；一回眸，歲月已成風景。不過，尋根是人類本性，我們走過「從前」，要說從歷史中尋求如何面對當今問題的智慧，可能太抽象，但問那個時代、那個人物，留下什麼樣足跡？有過何等影響？還是會引發人們找尋歷史源頭的興味的。

近代中國歷史堪稱曲折，世界走入中國，用的是兵艦、巨砲，中國走向世界，充滿詭譎與恫嚇。於是時代的歷史靠著領導者帶著一群菁英，以無比信心、堅韌生命力與靈妙的模仿力和創造力，共同形塑，造成了「今日」。

在歷史往復徘徊中，往往出現能打開出路的引領人。這些有頭、有臉的人物，他們數十年一夢的人生事跡，對天地悠悠之久，雖也一幌即過，但確實活在歷史。最怕的是當代、後世好事者，可能為這些人塗脂抹粉、加料泡製、打磨夯實、描摹包裝、強力推銷，變成「聖賢」或「惡魔」，弄得歷史人物不成「人」形。

生前飽受公議的政治人物，過世之後也得接受歷史的公評，這是無庸置疑。但論孫文只說他為目的不擇手段、評蔣介石說是獨裁無膽、硬把毛澤東功過三七開，都犯了簡化歷史的毛病；論歷史的事情，既不是痛快的一句話可以了結，月旦歷史人物，更不該盲目恭維或肆意漫罵可以了事。歷史人物的品評，需要多樣資料佐證，於是上窮碧落下黃泉所得的「東西」，不能不說當下、即時的紀錄材料，最不能疏忽。這套《蔣經國大事日記》，作為民國、臺灣歷史人物蔣經國及其時代研究的基礎，當之無愧。

二、

蔣經國生於 1910 年，1988 年過世。美國史家史萊辛格（Arthur Schlesinger Jr.）說，二十世紀是一個混亂的世紀，充滿了憤怒、血腥、殘酷；也充滿了勇敢、希望與夢想。蔣經國的一生起伏跌宕夾雜著這些特色。他幼年讀書不算多，1925 年十六歲正當人格成型之際，被送到冰天雪地的俄國。那段時間，正是史達林掌權清算鬥爭激烈時期，對他來說想必印象深刻，影響一生。西安事變後抗日開戰前（1937 年 3 月），帶著俄國妻子返國，先在家鄉溪口讀書，其後在江西保安處、贛南專區當行政督察專員，過著中層公務員的生活，並依父命師從徐道鄰、汪日章等人，接受經典洗禮，對傳統文化進行「補課」，也零星通曉西方民主、法治觀念，思想因此有進境，難免蕪雜。抗戰時期往來大後方，除了在贛南有一批從龍之士外，在重慶擔任三青團幹校教育長，有了幹校人脈，加上後來在臺組建青年反共救國團，這幾批人無形中成了他後來的政治班底。

蔣經國真正的政治事業是 1950 年代在臺灣開始的，1950 到 1960 年代蔣介石忙於黨的改造、政治革新，積極準備「反攻復國」，至於情治系統、國安、國軍政工事務多交經國負責，這一時期，國外媒體甚至形容他為「神秘人物」。到 1970 年代聯合國席位不保，中日、中美先後斷交，國家處境逆轉，大約此時統理國家的權力也集中到經國身上，威權政治開始有軟化跡象。不過直到1980 年代中期之後，已深切感受時代在變，環境在變，潮流也不能不變。1986 年 9 月，集大權於一身的經國總統容忍「民主進步黨」成立，等於開放黨禁；10 月中旬決定「解嚴」，次年 7 月 15 日正式實施；接著解除報禁、開放港澳觀光，10 月 15 日准許老兵返大陸探親，民主化邁步向前，對長期威權統治下的臺灣而言，不啻一場寧靜革命。當年擔任總統副手的李登輝，後來在《訪談錄》中，很平實的說了這麼一段話：「大家講李登輝執政十二年民主改革等等，老實講，如果這三年八個月中沒有他（蔣經國）在政策上的變化，我後來的十二年是做不了什麼事的。」

同一時期，蔣經國大量起用臺灣省籍菁英，尤其 1972 年出任行政院長後，培養省籍人士不遺餘力，1984 年在謝東閔副總統之後，提名年輕得多的李登輝繼之，以當時蔣經國的身體條件和年齡，視為是接班人選，十分明顯。在行政院長及總統任職期間，蔣經國不斷走入民間、結交民間友人，1987 年又說出「我也是臺灣人」的話語，姑不論是否為政治語言，政權本土化的意味很濃，行動上則多少帶點「蘇俄經驗」味道。

1970 年代，國際逆流橫生之外，國內政治異議聲浪頻起，反對勢力運動勃發，規模不斷擴大，手段益趨激烈，當時臺灣幾乎有人心惶惶之感。這期間，1973 年及 1979 年碰到兩次石油危機、國際金融風暴。幸賴十大建設、六年經建計畫等的財經擘劃，安然渡過危局，「臺灣奇蹟」的締造，蔣經國與有功焉。長時間陪侍兩蔣身邊的御醫熊丸說，小蔣極為儉樸，樂與民眾接近，但城府深、表裡不一，恩威難測，並非好相處的朋友；已過世、有點不合時宜，與經國交過手的財經專家王作榮，佩服蔣與巨商大賈保持距離，但也直說，蔣經國是俄國史達林文化與中國包青天文化的混合產物。顯示這位國家領導人多面向的行事與風格，仍大可有進一步研究的空間。

三、

1972 年 6 月，62 歲的蔣經國出任行政院長，實質掌理國政。其後 1978 年膺選為中華民國第六任總統，1984 年連任為第七任總統，不幸任期未滿的 1988 年 1 月 13 日辭世，那年他 78 歲。他一生最後的十六年，可說盡瘁國政，奉獻全部心力於臺灣這塊土地。這位關鍵人物在關鍵時期的政府治理成績斐然，此段時間正是臺灣政治、社會的重要轉型期。這十六年的政府政績即使不稱為「經國之治」，說它是臺灣的「蔣經國時代」，絕不為過。

這套《蔣經國大事日記》，涵蓋「蔣經國時代」的十六年，起於 1972 年 5 月 20 日出任行政院長，迄於 1988 年 1 月 30 月奉安大溪止，每日行程幾乎均有如實紀錄。嚴格說這是蔣經國行政院長和兩任總統的行政大事記，原係庋藏於國史館蔣經國忠勤檔案中的一種。原作毛筆、鋼筆文件應出諸經國總統秘書之手，察其所錄，很有總統日常行政實錄意涵。每日記載內容主要為蔣經國擔任院長、總統期間之行止、接見賓客、上山下海巡訪各地，重要會議要點（包括行政院院會、國民黨中常會、中央全會、總統府財經會談、軍事會談）、重要文告、年節談話內容等，大自內政上十項建設的推動，持續三十八年之久的戒嚴宣告解除，反共反獨的宣示，對中共三不（不接觸、不談判、不妥協）政策誓言；國際關係上中日、中美斷交，克來恩（Ray S. Cline）與韓、越「情報外交」，李光耀頻頻秘密來臺的臺新（新加坡）交誼，小至中學生給蔣經國「院長精神不死」的謝卡小故事，有嚴肅的一面，也見人性幽默的一環。《蔣經國大事日記》如能與蔣經國個人日記搭配，「公」「私」資料，參照互比，將更能清楚見其行事軌跡與作為。故而日記固可補《蔣經國大事日記》之不足（蔣經國日記起於 1937 年 5 月，記至 1979 年 12 月 30 日因視力惡化中止），《蔣經國大事日記》亦正足彌補日記之空闕。故此一資料，當屬研究「蔣經國時代」不可或缺的寶貴史料。

四、

這套書記錄 1972 至 1988 年中華民國的國家領導人行政大事，雖簡要，但不失為「蔣學」研究的重要工具書。

本來歷史學的研究與編纂，就有「年代學」（Chronology），是以確定歷史事件發生時間的科學，從古代中國《春秋》、《竹書紀年》，到近人郭廷以的《近代史國史事日誌》、《中華民國史事日誌》等，都屬之。這套書一如晉杜預的〈春秋左氏傳序〉所言：「記事者，以事繫日，以日繫月，以月繫時，以時繫年，所以紀遠近，別同異也。故史之所記，必表年以首事。」本書所記，甚至細至以時繫分，明確事件發生時間，提供歷史發展線索，大可作為歷史研究的基礎。對當代民國史、臺灣史研究而言，資料之珍貴，實無過於此。

編輯凡例

一、本書依照「蔣經國大事日記略稿」編輯，依日期排列。

二、為便利閱讀，部分罕用字、簡字、通同字，在不影響文意下，改以現行字標示，恕不一一標注。

三、附件及補充資料以標楷體呈現，部分新聞報導之附件不收錄。

目錄

中華民國74年（1985年）

1月1日　星期二

今日發表中華民國七十四年元旦祝詞，昭告全國同胞，如今我們所要做的，是在匪偽政權矛盾衝突，危機四伏的時候，加速三民主義重登大陸，給大陸同胞指引一條光明的中國前途。

上午

九時三十六分，在府見張副秘書長祖詒。

九時四十五分，見國防部宋部長長志。

十時，在府內介壽堂，主持中華民國七十四年開國紀念典禮暨元旦團拜，並宣示祝詞。

十時十二分，探訪孫資政運璿於其寓所，祝賀其生辰。

下午

四時二十分，在大直寓所見秦主任委員孝儀。

元旦祝詞

親愛的父老兄弟姊妹們：

七十三年前中華民國的創立，是二十世紀初葉的第一件大事。中華民國的開國紀念，成了近代史上光榮和勝利的標誌，鐵血與正氣的象徵。

遙想先烈當年，滿腔碧血丹心，激起了波瀾壯闊的革命怒潮。帝制因而結束，亞洲第一個共和國因而誕生。七十三年來，我們在國父及先總統蔣公英明領導之下，秉持三民主義的理想，結合民眾的願望，把經驗化為信心，把憂患凝成力量，在救國建國的途程上，我們一直以天下為公的胸懷、大中至正的坦蕩，為鞏固民族、振興中華而奮鬥不懈，並在實踐中拓出了康莊大道。今天我們齊心一志，再以大無畏的開國精神，致力於三民主義統一中國的歷史任務，也必能再在本世紀完成又一件大事，開創三民主義的新世紀。

當前所有中國人一致切盼的，是中國的統一，要有一個自由、民主、均富、安和、適合中國人需要的祖國。任何一個有良知、有血性的中國人，絕不甘願屈服於共產暴政的統治，淪為馬列異族邪說的奴隸。因之，中華民國在復興基地仁政建設的成就愈大，大陸同胞憎恨共黨極權愈深；中共一日不能徹底拋棄馬列，就是一日與全體中國人民為敵，不論其如何左搖右擺，作些不倫不類的所謂「改革」，都難逃敗亡的命運。如今我們所要做的，是在匪偽政權矛盾衝突、危機四伏的時候，加速三民主義重登大陸，給大陸同胞指引一條光明的中國前途。

三民主義的理想，是要以中國固有順德親民的精神，本乎倫理、民主、科學的特質，來治理國家，完全符合中國人的理念、中國人的文化，所以以三民主義統一中國的必然性，是鐵定的真理。

親愛的父老兄弟姊妹們，中華民族是經得起考驗的民族，反共復國是順天應人的事業，臺灣海峽兩岸在兩種截然不同的制度之下，優劣已極分明。只要我們力行先總統蔣公遺訓，堅守民主陣容，復興民族文化，矢勤矢勇，共信共勉，中共匪黨必然在全體中國人的公意之下，徹底的崩潰，三民主義新中國的理想，必將在我們手中順利實現。

現在讓我們滿懷信心的齊聲高呼：

三民主義萬歲！中華民國萬歲！

1月2日　星期三

下午

三時二十九分，在大直寓所見俞院長國華。

1月3日　星期四

今日覆函教宗若望保祿二世，對教宗今年元旦發表的「和平日文告」，表示響應與支持。

下午

三時四十二分，在府見國家安全會議汪秘書長道淵。

四時○三分，見中央黨部蔣秘書長彥士。

四時二十八分，見李副總統。

四時五十五分，見國防部郝總長柏村。

五時十二分，見張副秘書長祖詒。

覆教宗函

教宗聖座：

接奉聖座一九八五年特向世界青年發布之和平日文告，曷勝敬佩。聖座洞察世局，對青年之適時指引，語重心長，當為渠等所樂於接受。

誠如聖座所指，今日青年面臨各種困擾，渠等實應注意以精神、道德及文化之價值為基礎，依據人類之正確思想行事，以提昇生命之意義。

中華民國政府及人民一向遵循孔子的忠恕仁愛之道，致力於培育青年。吾人努力發揚傳統之家庭倫理，並透過教育制度使青年對未來充滿希望，同時教導青年勇於負起對親長、社會、國家與人類之責任。此實與聖座文告之宗旨完全吻合。

對於聖座崇高之呼籲，中華民國政府及人民願以誠摯之情，響應並支持聖座本年文告之啟示。

中華民國總統蔣經國

1月4日　星期五

【無記載】

1月5日　星期六

上午

九時〇三分，在府見宋部長長志。

九時二十五分，見外交部朱部長撫松。

九時四十八分，見汪秘書長道淵。

十時見張副秘書長祖詒。

下午

三時二十九分，在大直寓所見俞院長國華。

1 月 6 日　星期日

下午

二時四十五分，在大直寓所見汪秘書長道淵。

1 月 7 日　星期一

下午

二時三十九分，至圓山飯店理髮。

三時二十八分，在府見汪秘書長道淵。

三時五十三分，見宋部長長志。

四時十分，見蔣秘書長彥士。

四時五十四分，見郝總長柏村。

五時〇六分，見李副總統。

1 月 8 日　星期二

上午

十時，在府主持軍事會談。

下午

三時〇三分，在府見國防部總政戰部許主任歷農。

三時三十七分，見馬參軍長安瀾。

三時五十六分，接見美國聯邦眾議員柯茲、伍爾夫、斐爾茲及其夫人等六人。

四時三十一分，見警備陳總司令守山。

四時五十分，見國家安全局汪局長敬煦。

五時十九分，見警政署羅署長張。

1月9日　星期三

上午

八時四十四分，在臺北賓館見蔣秘書長彥士。

九時，主持中常會。

九時五十六分，見謝常務委員東閔。

十時十三分，見臺北市楊市長金欉。

十時十九分，見北美事務協調會業務組長胡為真。

十時二十七分，見蔣秘書長彥士。

下午

三時五十二分，在府見中央銀行張總裁繼正。

四時二十一分，見新聞局張局長京育。

四時四十分，見人事行政局卜局長達海。

四時四十九分，見聯勤溫總司令哈熊。

五時十五分，見張副秘書長祖詒。

五時三十八分，見汪秘書長道淵及朱部長撫松。

1月10日　星期四

下午

四時〇一分，在府見退輔會鄭主任委員為元。

四時二十五分，見汪秘書長道淵。

五時〇四分，見俞院長國華。

五時十七分，見張副秘書長祖詒。

五時二十七分，見宋部長長志。

五時四十六分，見汪局長敬煦。

1月11日　星期五　第四十屆司法節

總統特頒賀詞，勗勉全國司法人員惕厲努力，推進司法革新，強固法治基礎，以促進整體進步。

上午

九時四十三分，在府見汪秘書長道淵。

十時四十四分，見朱部長撫松。

下午

三時五十五分，在府接見奧地利共和國國民黨總裁莫克博士、該國國會議員寇爾，以及該黨公共關係室主任魏提斯卡等三人。

四時二十八分，接見美國聯邦眾議員賀爾、李思、陶晉、郝歐、葛瑞格、派克德暨其夫人等一行十二人。

五時十七分，見郝總長柏村。

五時三十五分，見蔣秘書長彥士。

第四十屆司法節賀詞

司法院黃院長、法務部施部長轉全體司法同仁：

今天是第四十屆司法節，經國首先要向全體司法同仁表示由衷的祝賀，也要為各位平日的辛勞表示誠摯的謝意。

回顧國父暨先總統蔣公領導全國軍民犧牲奮鬥，終於廢除不平等條約，使國家法權重歸完整之艱辛；遙念今日大陸同胞備受共產暴政摧殘迫害，期待我們拯救之殷切；各位當知本身責任之重大，必能益勵忠勤，更求精進。

民主憲政胥賴法治以維繫，而健全的司法，又為法治的基礎。三十多年來，我們在復興基地致力於三民主義建設，使民主憲政日益精實，此固為全民共同努力的成果；而弘揚法治精神，維護社會安寧，保障人民權益，我全體司法同仁的公正廉明，辛勤盡職，自有其重大貢獻。尚望全國同胞認識法律為國家的綱紀，社會的規律，生活的準繩，人人以守法重法為榮，違法毀法為恥，共同維護法律的權威，建立更有秩序、更為和諧的法治社會。

先總統蔣公曾說，「司法的革新，乃全面革新的中心環節；司法的進步，乃整體進步的重要保證。」深望大家相互惕厲，倍加努力，推動司法革新，強固法治基礎，以司法的精進，促進整體進步，俾加速完成以三民主義統一中國的時代使命。

敬祝各位佳節愉快。

1月12日　星期六

上午

七時〇三分，在大直寓所見俞院長國華。

八時二十一分，見郝總長柏村。

九時〇九分，見汪秘書長道淵。

十時二十一分，至顧一級上將祝同寓所，祝賀其九秩晉三壽辰。

十時四十三分，在府見張副秘書長祖詒。

十一時三十七分，見朱部長撫松。

下午

五時三十分，在大直寓所見汪秘書長道淵。

1月13日　星期日

上午

十一時十八分，在大直寓所見秦主任委員孝儀。

下午

三時〇五分，在大直寓所見郝總長柏村。

三時五十三分，見宋主任楚瑜。

四時五十三分，見汪秘書長道淵。

五時二十二分，見蔣秘書長彥士。

八時三十三分，見宋主任楚瑜。

1月14日　星期一

上午

九時十二分，在府見宋部長長志。

九時三十四分，見沈秘書長昌煥。

九時五十四分，主持一項會談，參與者有：

嚴家淦　李登輝　謝東閔　俞國華

黃少谷　倪文亞　袁守謙　谷正綱

蔣彥士　沈昌煥　汪道淵　宋長志

十時十八分，見黃院長少谷及蔣秘書長彥士。

十時三十九分，見汪秘書長道淵。

十時五十五分，見朱部長撫松。

下午

三時四十五分，在府見郝總長柏村。

四時，接見美國聯邦眾議員陶狄夫婦、湯瑪士、唐士夫婦、泰倫等一行六人。

四時二十三分，見汪局長敬煦。

四時五十九分，見宋主任楚瑜。

五時二十四分，見宋部長長志。

九時二十七分，在大直寓所見宋主任楚瑜。

1月15日　星期二

下午

四時〇四分，在府見汪秘書長道淵；至四時十五分，並加見朱部長撫松。

四時二十七分，見宋部長長志及郝總長柏村。

四時五十二分，見李副總統。

五時三十一分，見汪秘書長道淵。

1月16日　星期三

上午

八時二十七分，在臺北賓館見蔣秘書長彥士，隨後又加見社會工作會郭主任哲。

八時五十二分，主持中常會並發表談話，要求全黨同志，以身作則，即日起不參加無謂應酬，共同致力於改善社會風氣。此外，對國民大會代表最近研討各種問題，明大義、識大體的精神，表示佩慰。並希望他們，共矢精誠，繼續為國家努力貢獻。主席在聽取青輔會主任委員姚舜報告「專科以上畢業青年就業問題及其輔導措施」後，希望青輔會繼續努力，加強辦理輔導青年就業及培養人才措施。並要與學校密切配合，以做到「畢業就是就業」。

九時五十一分，見倪院長文亞。

十時〇五分，見朱部長撫松。

下午

三時三十八分，在府見汪秘書長道淵。

三時五十六分，接見哥斯大黎加共和國國會議長希孟奈斯。

四時三十分，接見美國聯邦參議員華勒卜夫婦。

五時十二分，見汪局長敬煦。

五時二十二分，見許主任歷農。

五時四十二分，見宋部長長志。

七時二十九分，在大直寓所見宋主任楚瑜。

中常會談話

今天在常會結束之後，本席有幾句話要向各位先生、各位同志談一談。

現在社會風氣趨向奢靡，這是令人擔心的事。我們國家各方面都有進步，奮鬥方向，也可以把握得住，但是今天社會風氣太壞，應當徹底檢討改進。

社會風氣當然不是一天可以改善的，必須長期去做。不過，有一件事今天就可以開始去做，那就是不要作無謂的應酬。

我認為應酬對社會風氣關係太大，影響所及，不止是單純的社會風氣問題，而已變成政治風氣問題，我們每一位同志，應有所警惕。

當然，招待外賓的宴會，或是與少數至親好友餐敘，是可以的，也是應該的，但是有些應酬已成了政治性應酬，就是被請的人，不能不去；對有地位的人出面請客，不去，就是不給主人面子，這種情形是很危險的事。最近，我聽說有幾個幫會頭目利用應酬來做政府關係，他們對什麼時候和我們政府要人一起吃飯，當時請的是什麼人，在什麼地點請客，那些人作陪等等，都作了紀錄，這是有目的的一種作法，也就是做好了圈套，設下了陷阱。有些人用很多辦法來請客，有時自己不出面，而由他所認識的人代替請客，參加這樣的應酬，一不小心，就會上了圈套，會弄得不可收拾，我對此事很感痛心。今天，大家講面子，談應酬，對政治風氣實在影響太大了。

我以為，如有事情，可以公開來談，公開來講，任何公務應該在辦公室裡辦，在辦公室裡談，不應該在應酬場合去處理問題、拉關係。避免不必要的應酬，應該是很容易做到的事情，只要大家做到，相信一定可改善當前敗壞的社會風氣。

我不懂，為什麼要在酒席場所談公務？尤其是酒席愈貴才感覺愈有面子的觀念，我為之耽心。

外國人譏笑我們喝白蘭地像喝汽水，這是事實，再這樣下去，真將不可收拾了。

我剛才講這幾句話，是心有所感而講的，不參加無謂的應酬，是不難做到的，尤其是本黨同志應該以身作則，不要再隨便請客。我記得過去訪問美國，他們請我吃飯，叫做工作式的餐敘，只是一湯一菜，就很好了。我們請客，一塊燒餅，一根油條也可以，為什麼要奢侈浪費呢？因此，我希望大家就從今天開始，不要做不必要之應酬。

今天，我很沉痛地講這些話，希望大家能體會我的心情，我極不願要求請客一定要用什麼梅花餐，或者一定要四菜一湯，甚至要求那些情形可以請，那些情形不可以請，這完全是要看每位同志憑著自己的良知去做判斷。

總之，我相信大家都能了解做什麼事會救社會、救國家；做什麼事會害社會、害國家；我講到這裡為止，希望大家能夠體會我的心情，和我講這段話的用意。

1月17日　星期四

下午

四時十六分，在府見張副秘書長祖詒。

四時二十九分，接見來華訪問的一九七九年諾貝爾和平獎得主德蕾莎修女，對她一生服務貧苦大眾，為促進人類和平所表現的犧牲奉獻精神，深致讚佩。

四時五十六分，見汪秘書長道淵。

八時，在大直寓所再見汪秘書長道淵。

1月18日　星期五

下午

四時〇二分，見沈秘書長昌煥。

五時〇六分，見汪秘書長道淵。

五時十八分，見郝總長柏村。

五時三十七分，見宋主任楚瑜。

1月19日　星期六

上午

九時三十五分，在府見李副總統，並親贈簽名之玉照，以祝賀其生日。

十時二十九分，見汪局長敬煦。

十一時〇一分，見蔣秘書長彥士。

下午

三時二十九分，在大直寓所見俞院長國華。

五時二十一分，見汪秘書長道淵。

八時五十九分，見宋主任楚瑜。

1月20日　星期日

美國總統雷根及副總統布希將宣誓就職，總統今天特分別去電申賀。

下午

三時二十四分，在大直寓所見郝總長柏村。

四時二十二分，見蔣秘書長彥士。

五時二十三分，見秦主任委員孝儀。

致雷根總統賀電

雷根總統閣下：

欣逢閣下就任美利堅合眾國總統，內子與本人特向閣下及雷根夫人申致最誠摯之賀忱。

本人深信在閣下卓越領導下，貴國在過去四年來所獲致之經濟繁榮及整個自由世界對閣下之崇高敬意，必將持續增進。在此期間，中美關係改進甚多，本人至感欣慰，切盼此項關係今後更見加強。謹祝閣下政躬康泰，順利成功。

中華民國總統蔣經國

致布希副總統賀電

布希副總統閣下：

欣逢閣下就任美利堅合眾國副總統，內子與本人特向閣下及布希夫人申致最誠摯之賀忱。謹祝閣下政躬康泰，順利成功。

中華民國總統蔣經國

1月21日　星期一

上午

九時四十五分，在府見沈秘書長昌煥，隨後又加見汪秘書長道淵、宋部長長志、郝總長柏村、汪局長敬煦。

十時三十分，見朱部長撫松。

下午

三時五十分，至圓山飯店理髮。

四時四十七分，在府見張副秘書長祖詒。

五時十六分，見李副總統。

五時三十六分，見宋部長長志。

1月22日　星期二

上午

九時三十七分，在府見沈秘書長昌煥。

九時五十五分，主持軍事會談。

下午

四時四十五分，在府見汪秘書長道淵。

五時十分，見宋部長長志。

1月23日　星期三

上午

八時二十六分，在臺北賓館見蔣秘書長彥士。

八時四十三分，見臺灣省政府邱主席創煥。

八時五十五分，主持中常會。對立法院全體委員表現和衷共濟的精神，支持政府完成重要議案的立法程序，表示欽佩。會中並通過決議文，對立委同志忠誠謀國，貫徹決策，予以嘉獎。此外，還指示經濟部等從政主管同志，要使關稅下降的利益，由全民共享，以保護消費者的利益。又在聽取國防部總政戰部主任許歷農上將的軍事報告後，除表示嘉勉外，並期勉全體國軍將士，繼續自立自強，求新求行，力求突破，鞏固國防，為反共復國的勝利成功，奠定更為堅實的基礎。

十時五十七分，見宋主任楚瑜。

十一時十八分，返抵大直寓所後，特在板橋市民張根巽所呈獻之紫菊花前，攝影數幀。

下午

二時五十分，在大直寓所見宋主任楚瑜。

四時十九分，見汪秘書長道淵。

四時五十分後，分別見郝總長柏村、宋部長長志。

五時二十九分，見沈秘書長昌煥；稍後，併見汪秘書長道淵。

中央常會提出行政院長任內

處理行政事務與研擬重要政策五項原則

一、本大公無私精神，絕不考慮個人利益。

二、不要只顧到少數人的利益，應以多數人的利益著想。

三、一切依法辦理，不能踰越法令規章的規定。

四、國家利益至上。

五、民眾利益為先。

1月24日　星期四

下午

四時二十六分，在大直寓所見宋主任楚瑜。

三時三十六分，在府見汪局長敬煦。

四時〇八分，見張副秘書長祖詒。

四時四十四分，見秦主任委員孝儀。

五時十七分，見宋主任楚瑜。

五時二十九分，見沈秘書長昌煥。

1月25日　星期五

下午

三時四十七分，在府見汪秘書長道淵。

四時三十三分，見蔣秘書長彥士。

四時四十七分，見汪局長敬煦。

五時〇二分，見沈秘書長昌煥。

五時十八分，見李副總統。

九時二十一分，在大直寓所見宋主任楚瑜。

1月26日　星期六

下午

三時三十分，在大直寓所見俞院長國華。

四時四十八分，見秦主任委員孝儀。

八時〇八分，見宋主任楚瑜。

1月27日　星期日

下午

三時二十二分，在大直寓所見汪秘書長道淵。

四時二十七分，見郝總長柏村。

五時四十五分，見蔣秘書長彥士。

1月28日　星期一

下午

三時，至圓山飯店理髮。

三時五十八分，在府見沈秘書長昌煥。

四時三十六分，見汪局長敬煦。

四時五十二分，見許主任歷農。

五時十三分，見朱部長撫松。

1月29日　星期二

上午

九時〇九分，在府見宋部長長志。

九時四十分，見沈秘書長昌煥。

十時起，分別見陸軍蔣總司令仲苓、海軍劉總司令和謙、空軍郭總司令汝霖。

下午

五時十二分，在大直寓所見宋主任楚瑜。

五時四十八分，見秦主任委員孝儀。

1月30日　星期三

上午

八時十八分，在臺北賓館見蔣秘書長彥士。

八時四十二分，見馬政務委員紀壯。

八時五十四分，主持中常會。

九時四十八分，見臺灣省黨部關主任委員中。

下午

三時二十七分，在府見亞東關係協會駐日馬代表樹禮。

三時五十五分，接見日本自民黨政調會會長藤尾正行。

四時四十分，接見即將奉調返國來府辭行之薩爾瓦多共和國駐華大使艾雷拉。

四時五十七分，見汪秘書長道淵。

五時二十四分，見張副秘書長祖詒。

1月31日　星期四

上午

十時四十九分，在大直寓所見宋主任楚瑜。

下午

二時五十五分，蒞臨中正機場。

三時，在機場貴賓室迎接來訪之新加坡總理李光耀夫婦，隨後即同乘賓客車，親送李氏夫婦至其所下榻之圓山飯店。

三時五十二分，換乘座車至總統府。

四時十七分，在府見郝總長柏村。

四時二十九分，見宋部長長志。

四時四十七分，見秦主任委員孝儀。

五時〇二分，見教育部李部長煥。

五時五十三分，見汪秘書長道淵。

2月1日　星期五

下午

四時，在大直寓所以茶點款待新加坡總理李光耀夫婦及其隨行人員林金山局長、楊錦成議長等人。

九時二十三分，見秦主任委員孝儀。

2月2日　星期六

下午

二時二十九分，在大直寓所見沈秘書長昌煥、汪秘書長道淵。

三時二十七分，見秦主任委員孝儀。

四時四十八分，見蔣秘書長彥士。

2月3日　星期日

上午

十時四十二分，在大直寓所見宋主任楚瑜。

下午

三時二十八分，在大直寓所見郝總長柏村。

四時二十二分，見汪秘書長道淵。

今日各報披露，日前總統在主持一項軍事會談中，勉勵國軍各級將領們，要牢記蔣公昭示—天下沒有衝不過的風浪。只要軍民一體，一心一德，堅此百忍，勇往前進，就必能完成國民革命大業。

軍事會談講話

領袖逝世將屆十周年，在此十年中，由於各級將領領導全軍官兵，以奮發圖強之精神，奉行遺訓，已獲致甚大進步，可告慰於領袖在天之靈。但吾人必須虛心檢討，若干方面仍有缺失，希於本月召開之工作檢討會中，能針對實際狀況，坦誠檢討，切實研究可行之改進辦法，使國軍更能獲致長足進步。

國民革命軍對國家言，不僅為單純之武力，亦為精神安定力量，因此國軍之精壯與堅定，對反共復國大業，關係非常密切。

過去十年為共匪謀我最積極之時期，尤以近六、七年來，更是挖空心思，想盡方法，對我實施統戰；欺騙、恐嚇，無所不用其極。但我與全體官兵均不為所動，致使匪之陰謀無法得逞，此為吾人信心堅定所獲致之成功。今後無論遭遇任何大風大浪，吾人亦必堅持此一政策，奮鬥到底。

吾人為堅持反共復國立場，貫徹民主法治理念，所負責任至為重大，所付代價亦高。我無懼於任何外來之壓力與攻訐，然時以內部之安定、健全與進步為念，希望大家遵照領袖遺訓，精誠團結，自立自強，服膺主義，一心一德，以作好分內工作為首要要求。

關於勤儉建軍、勤儉建國之「勤」、「儉」二字，並非一句口號，而是發自內心之覺悟與自我要求，自我實踐。精神教育之目的，即在啟發官兵此種共有之良知，以貫徹拯救國家、保護人民之初衷。此外，願我國軍高級將領以至各級領導幹部，在作任何決定之前，必須小心謹慎，多方考慮，仔細衡量其對國家有利抑或有害，以免因一時之錯誤，對國家造成無法估量之損害。

記得領袖有一次從馬祖乘坐軍艦，前往基隆，中途忽然遭遇到十級以上的狂風巨浪，座艦不得不轉向馬公行駛，當時軍艦不但起伏傾斜，桅桿也被折斷吹倒，即此可以想見風浪是如何險惡。當天傍晚我從臺北趕到馬公迎接，領袖離艦之後，坐上汽車，仍然滿面笑容，完全若無其事，我問領袖：「風浪是不是很大？」領袖說：「從來沒有遇上過這樣大的風浪。」我問：「暈船嗎？」領袖說：「一點都沒有覺得。」接著領袖還說：「不管風浪多大，天下沒有衝不過的風浪，只是風浪愈大，愈要鎮靜，愈要沉著。」這一段對話的情景，至今尚如在耳根目前。

隨後我還向艦長問過實際的情況，以及他對情況的處置，他說：「從來沒有遇上這樣的風浪過，尤其領袖在我艦上，感覺責任十分沉重，我只知道如何使兩腳站穩，兩眼看準，不要迷失方向。」「一天沒吃飯，我都完全不覺得。」這一段話，也給了我很深刻的印象。

此外，在我上一次就任總統職位的時候，有一位花蓮民眾，送了我一塊近似天然的石頭，上面顯現著一個「忍」字，也就是「心」字上加個「刀」字的「忍」字，這塊石頭現在還陳列在我辦公室座右，讓我能時刻看到，發人深省。因為從這裡不只證明他瞭解一個作總統的人是要如何地去堅忍，而我也瞭解這一位民眾對我的期望是如何地深切。

大家都明白「忍」字是一切品德、事業成就的階梯，特別是對國家，對同胞，對革命事業，要有貢獻就尤其必須從堅忍作起，現在是我們奮鬥的時候，也是我們堅忍的時候，一切為了復興國家，為了大眾利益，我們要一起朝著既定的方向前進，這也就是：

——在政治方面，我們要本著一貫光明正大的道德勇氣，反對仇恨！反對陰謀！反對暴力！

——在經濟方面，我們要本著一貫為民眾謀富裕福祉的赤忱，反對壟斷！反對特權！反對投機！

我們一定要牢牢記住領袖對大家的昭示——天下沒有衝不過的風浪。只要軍民一體，一心一德，堅此百忍，勇往直前，就必定能完成領袖交付給我們的國民革命大業。

我願與各級幹部，全國同胞同生死，共患難，面對現實，迎接挑戰，對來自敵人之打擊，無所畏懼，對內部發生之偏失與困擾，只要記取教訓，知所改進，就不必灰心。務希各級幹都認清當前國家所處環境之複雜與時局之艱困，瞭解到任何驚濤駭浪，必須經過一番波折與相當時間，方能平息。希我各級幹部堅守崗位，把握方向，奮勉工作。茲值國軍七十四年工作檢討會議召開之始，特提示以上各點，轉達與會同志共同勉勵。

2月4日　星期一

下午

二時四十八分，至圓山飯店理髮。

三時三十四分，在府作農曆甲子年除夕電視談話錄影。

三時五十分，見張副秘書長祖詒。

四時〇五分，見汪秘書長道淵。

四時二十分，見嚴前總統家淦。

四時四十八分，見宋主任楚瑜。

四時五十三分，見汪局長敬煦。

五時十七分，見蔣秘書長彥士。

2月5日　星期二

下午

四時十五分，在府見馬副局長英九。

四時三十七分，見蔣秘書長彥士。

五時，見汪秘書長道淵。

五時二十一分，見宋部長長志。

五時四十五分，見張副秘書長祖詒。

2月6日　星期三

上午

八時三十五分，在臺北賓館見蔣秘書長彥士。

八時五十一分，見倪院長文亞。

九時，主持中常會，通過主席交議，准予中央委員會秘書長蔣彥士辭職，並由我國亞東關係協會駐日本代表馬樹禮繼任秘書長職務。

十時，見黃院長少谷。

十時四十分，見宋主任楚瑜。

十時五十分，見朱部長撫松。

下午

三時〇二分，在府見俞院長國華。

三時三十八分，見朱部長撫松。

三時五十六分，接見大韓民國新生活運動中央本部事務總長全敬煥。

四時二十五分後，分別見金防部宋司令官心濂、馬防部程司令邦治、東引守備區指揮部王指揮官易謙。

五時〇三分，見汪秘書長道淵。

五時二十分，見秦主任委員孝儀。

今日敦聘蔣彥士為總統府國策顧問。

2月7日　星期四

下午

四時二十三分，在府見汪秘書長道淵。

四時三十九分，見朱部長撫松。

四時五十七分，見宋主任楚瑜。

五時三十分，見張副秘書長祖詒。

八時二十一分，在大直寓所見秦主任委員孝儀。

2月8日　星期五

上午

十時二十分，在府見朱部長撫松。

十一時二十九分，見蔣國策顧問彥士。

下午

四時三十分，在府見沈秘書長昌煥。

五時，見汪局長敬煦。

五時二十二分，見沈秘書長昌煥。

五時三十九分，見宋部長長志及郝總長柏村。

2 月 9 日　星期六

下午

三時五十八分，在大直寓所見郝總長柏村。

四時五十分，見秦主任委員孝儀。

2 月 10 日　星期日

下午

三時二十九分，在大直寓所見俞院長國華。

四時四十分，見宋主任楚瑜。

2 月 11 日　星期一

上午

八時四十三分，至圓山飯店理髮。

九時二十二分，至榮總賓館探望孫資政運璿。

十時十四分，在府見沈秘書長昌煥。

十一時〇二分，見汪秘書長道淵。

下午

三時十分，在府見李副總統。

三時五十四分，接見美國聯邦參議院代議長塞蒙德夫婦及白宮輸出委員會副主席陳香梅女士。
四時三十一分，見沈秘書長昌煥。
四時四十分，見新聞局張局長京育。
四時五十四分，見警總陳總司令守山。

2月12日　星期二

上午

九時〇五分，在府見張副秘書長祖詒。
九時二十八分，見聯勤溫總司令哈熊。
九時四十五分，見宋部長長志。
九時五十七分，主持軍事會談。
十一時十七分，見汪秘書長道淵。

下午

五時五十八分，在大直寓所見秦主任委員孝儀。

2月13日　星期三

上午

八時二十五分，在臺北賓館見蔣中央委員彥士。
八時三十五分，見臺灣省政府邱主席創煥。
八時四十五分，見聯合報王董事長惕吾。
九時，主持中常會。曾在談話中指出，未來一年，雖可能充滿了困難，但也充滿了希望，只要我們堅定「不退卻」、「不灰心」的態度，相信一定能面對各種挑戰，克服各種困難。
九時五十二分，見沈秘書長昌煥。

十時〇二分，見秦主任委員孝儀。
十時十分，見朱部長撫松。
十時三十四分，見宋主任楚瑜。

下午
五時十分，在大直寓所見宋主任楚瑜。

中常會談話

各位先生：

一年就要過去了，在這一年中，我們的國家，我們的黨，遭遇了許多困難，不過由於大家共體時艱，同心協力，我們還是解決了很多的問題，做了很多的事情，表現了我們團結自強的精神，也因而使我們安然地渡過了困難的一年。

在革命的過程中，困難與挑戰是必然的，也是不足為奇的。記得吳稚暉先生生前曾和經國講過一句話：「人活著就是為了要克服和解決困難」。我們的黨有九十年奮鬥歷史，沒有一天，沒有一年，不是為克服困難而生，為接受挑戰而奮鬥不懈的。所以，回顧我們過去奮鬥的歲月，確實是一段艱辛的歲月。不過，只要我們信仰總理遺教，恪遵總裁遺訓，一切為國家，一切為民眾，崇法務實，勇敢奮鬥：而每一位同志都能對黨、對國家，貢獻心智，發揮力量，那麼我們也一定能夠達成最後的任務。

面對國內外情勢，今後我們最重要的，還是內部的團結，和社會的安定。我們過去這一年之所以能夠克服困難，主要就是靠我們內部能夠精誠團結。我們的敵人，尤其是共匪，千方百計所希望達到的目的，便是分化我們，破壞我們；要使我們不團結，要使我們不安定。所以，只要我們安定，我們團結，不管敵人什麼樣的打擊，我們都不怕。

未來的一年，雖然可能充滿困難，但也充滿了希望，我們要以積極、樂觀的態度，來推動明年的工作，相信新的一年會有更大的進步。

過去這一年，無論在軍事上、在經濟上、在政治上、在社會上各種建設都有進步，民眾的生活也有改善，這都是我們全黨同志、三軍官兵、全體行政人員以及全體同胞為共同目標、共同理想默默耕耘、努力奮鬥的結果。

經國檢討過去一年，自己覺得做得不夠，感到慚愧，但經國要向各位說明的是：在這一年中，不管做什麼事，做什麼決定，我所持的態度只有兩點，一個是「不退卻」，一個是「不灰心」。經國以為，只有「不退卻」、「不灰心」，忍辱負重，才能面對各種挑戰，克服各種困難。雖然精神上負擔很重，但自己內心卻很平安，因為問心無愧！希望本黨同志都能抱著「不退卻」、「不灰心」的態度，大家共同一致努力，相信任何的困難都可以克服，任何的敵人都可以打倒。

農曆春節快要到了，下星期三正好是農曆正月初一，不舉行常會，希望大家利用新年假期，快快樂樂得過一個新年。

講到快樂，昨天晚上，我偶然想起兩件往事，這是我一生到臺灣來以後，感到很有趣的事情：

——第一件事是：民國四十年，有一天我從草山（就是現在的陽明山）下來，自己開了吉普車，看到有位外國人在路邊等車，向我車子招手，想要搭我的車，我就要他上車，我問他住在那裡，就送他回家，他並不認得我，連聲道謝，還給了我幾塊錢臺幣的小帳，後來我去理髮，就用了這幾塊錢，想想這實在是很有意思的事。

——第二件事是：我在擔任國防部副部長的時候，有一天我同內人到西門町看電影，在國際戲院（就是現在的萬年大樓）門口排隊買票，忽然有人向我兜售黃牛票，但是當這個人認出是我，就連忙說：「……蔣先生我請客！我請客！」我領了他的情，但心裡總覺得過意不去。

這兩件小事，引發了我一些感觸，就是一個人不能享有特權，有了特權，心中就會感到不安；沒有特權，心裡才會平安，這樣的日子，才是真正的快樂。

在春節前最後一次常會中，我講這兩個小故事給大家聽，讓大家一笑而已。

現在，我向大家拜個早年，祝福大家健康，也祝福各位先生，各位同志的家人平安、快樂、幸福。謝謝大家。

2月14日　星期四

下午

三時十分，在府見宋部長長志。

三時三十二分，見沈秘書長昌煥。

四時，見本府馬參軍長安瀾、張副秘書長祖詒、第一局劉局長垕、馬副局長英九、第二局孟局長憲庭、第三局朱局長季昌、張副局長復、會計處俞會計長學漢、人事處錢處長銓。

四時五十分，見張副秘書長祖詒。

五時二十二分，見蔣顧問彥士。

2月15日　星期五

上午

九時二十三分，在府見汪秘書長道淵。

九時五十三分，見行政院政務委員馬紀壯、李國鼎、周宏濤、張豐緒、高玉樹、郭為藩，以及政務委員兼經建會主任委員趙耀東。沈秘書長昌煥及俞院長國華在座作陪。

十一時，見內政部部長吳伯雄、外交部部長朱撫松、國防部部長宋長志、財政部部長陸潤康、教育部部長李煥、經濟部部長徐立德、交通部部長連戰、中央銀行總裁張繼正、行政院秘書長王章清。沈秘書長昌煥及俞院長國華在座作陪。

下午

三時四十六分，在府見郝總長柏村。

四時〇三分，見蒙藏會委員長董樹藩、僑務會委員長曾廣順、主計處主計長鍾時益、人事行政局局長卜達海、衛生署署長許子秋。沈秘書長昌煥及俞院長國華在座作陪。

四時五十一分，見國科會主任委員陳履安、原子能委員會主任委員閻振興、文建會主任委員陳奇祿、農業會主任委員王友釗、青輔會主任委員姚舜、研考會主任委員魏鏞、退輔會主任委員鄭為元。沈秘書長昌煥及俞院長國華在座作陪。

2 月 16 日　星期六

上午

八時二十三分，至圓山飯店理髮。

九時十二分，見許主任歷農。

九時五十一分，見李副總統。

十時，邀晤行政院俞院長國華、林副院長洋港、立法院倪院長文亞、劉副院長闊才、司法院黃院長少谷、洪副院長壽南、考試院孔院長德成、林副院長金生、監察院余院長俊賢、黃副院長尊秋等，李副總統及沈秘書長昌煥在座作陪。並在談話中，期勉政府各部門和衷共濟，推動國家建設，創造有守有為的現代民主政府。

十時五十五分，見臺灣大學孫校長震。

下午

三時二十五分，在大直寓所見俞院長國華。

2 月 17 日　星期日

下午

三時五十三分，在大直寓所見沈秘書長昌煥。

五時二十二分，見宋主任楚瑜。

2月18日　星期一

上午

九時三十二分，在中央黨部主持卸任秘書長蔣彥士及新任秘書長馬樹禮之交接儀式。接著並舉行一項工作座談。參加者除新舊任秘書長外，尚有各副秘書長、各單位正副主管及省市黨部主任委員等人。主席在座談會中，並發表談話，勉勵全黨同志與工作幹部，本著光明正大、大公無私的精神，建立為理想信念而奮鬥的觀念，努力做到「親近民眾」、「深入基層」、「團結合作」與「勤儉樸實」，使中國國民黨的中央黨部，成為一個為國奉獻、為民服務的總部。

十時三十四分，見俞院長國華。

十時四十九分，見馬秘書長樹禮。

十一時，見宋主任楚瑜。

下午

四時十二分，在大直寓所見汪秘書長道淵。

五時三十六分，見宋主任楚瑜。

中央黨部工作座談談話

各位同志：

我們的黨已有九十年的歷史，這是非常悠久的一段歷史；像這樣悠久的革命民主政黨，在世界政黨史中可說是少有的。在這長久的歷程當中，我們的黨自始至終，就是追求自由、平等、博愛的理想，我們有過成功，也遭遇過挫折。然而直到今天，我們的黨還是屹立不搖，主要的原因，就是在總理與總裁的領導之下，我們跟上了時代，也創造了時代。在我們的革命過程中，我們之所以能夠打倒敵人，克服困難，所憑藉的就是那一股奮鬥不懈、不屈不撓的革命精神；這種堅毅不拔的革命精神，今後我們還要繼續發揚光大。

三十五年以前，總裁就在今天這個地方主持了本黨改造委員會的第一次會議。當時那種艱苦、困難與危險情況，我還記憶猶新，相信各位也沒有忘記。總裁領導我們渡過了難關和危險，他所憑藉和表現的就是對革命的信心和決心。三十五年過去了，現在我們又面臨另一階段的艱難時刻，我們仍須以最大的信心和決心，繼續努力，繼續奮鬥。

我覺得革命的成敗，就是黨的成敗，國家的成敗。而革命的成敗，最大的關鍵是在於每一位黨員的一顆心。個人的生命是有限的，我們不可只看重個人的得失與地位；黨員加入中國國民黨，就是要把自己的生命融入到黨的生命之中；唯有如此，我們的生命才能無窮的大，無窮的遠；也只有了解這個要訣，一個人才能昇華自己，成就黨國。

任何人加入本黨，基本的認識，就是不要以為有利可圖，有地位和權力可得；如有這種想法，是錯誤的，應該要即時糾正過來。因為這種想法，是和本黨對黨員的要求背道而馳的。今天大家應該建立的觀念是：加入中國國民黨，就是要有為了黨、為了國家、為了民眾奉獻犧牲，捨我其誰的抱負和理念。我們絕不能計較個人的得失與利益，一定要為理想、為信仰而奮鬥，人生才有永恆的價值和意義。

我深深感到憂慮的，就是我們的黨員、我們的幹部，有少數人心理不健全，常常只想到自己，不想到黨，不想到國家，也不想到民眾。一個革命的執政黨，執政久了，如不能保持不斷自我策勵，就會淪於腐敗。因此，我今天想強調的一點就是：今後我們要努力的方向，是使中國國民黨中央黨部成為一個為國奉獻，為民服務的總部。

本黨最大的、也是唯一的憑藉，就是廣大民眾的支持。如果我們失去了民心，就失去了民眾的支持，也就失去了一切。因此，我們應該時時刻刻都以民眾之心為心，都以民眾之利為利。我們中國國民黨自始就是一個全民的政黨，也是為全民謀福利的政黨；因此我們一向堅決反對特權，也反對政治或經濟利益為少數人所控制的集團所壟斷。唯有如此，才能真正做到國家利益至上，民眾福祉為先；也才能開拓我們國家的光明前途，也才對得起總理、總裁和先烈創建民國的苦心。

我們要做的事太多，做多了，難免有錯，錯了沒關係，只怕錯了不承認錯。很多錯誤的發生，就是錯在「自私」兩個字。我覺得，敵人不可怕，困難也不可怕，可怕的就是同志沒有向上的心，沒有大公無私的心。只要有向上的心，有大公無私的心，成功就必然到來。

今天，我要再重述過去所講過的話，我們工作幹部同志，今後一定要努力做到「親近民眾」、「深入基層」、「團結合作」與「勤儉樸實」。

在本黨的歷史中，我認為最近三十多年來是我們最團結的時期，這是很值得欣慰的；今後我們要繼續團結。因為團結不但是力量，也就是勝利。今後我們的黨，不但要黨內團結，也要成為團結全民的凝聚力量。我們要切記總裁「不是敵人便是同志」的號召，我們必須本此精神，以開明、開通、開達的做法，來確立黨的新政治風氣。

至於「勤儉樸實」，更是工作的重要精神和生活方式。記得本黨改造委員會第一次會議在這裡舉行的時候，只有幾張桌椅，和今天的情形比較，真是不可同日而語。這種豐裕的生活，好是好，但也是危險而值得警惕的事情。

我之所以要一再強調勤儉樸實，就是要黨員同志不過分享受；過分享受不是快樂，而是一種痛苦。

就個人而言，我對自己，對黨，對國家一向樂觀。我最近勉勵大家，要「不退卻」，「不灰心」，這不是消極，而是種樂觀、進取的態度。大家要了解「不退卻」、「不灰心」是指對主義、對政策、對國家、對民眾的利益「不退卻」、「不灰心」；除了要站得穩之外，還要向前看，更要大步向前走。

農曆新年就要到了，在這裡，我要講兩件我感到快樂的事：第一件是，上星期聽到南部地區在久旱之後普降甘霖的消息，春耕用水得到解決，心裡非常高興。

第二件是，高雄縣六龜鄉孤兒楊恩典，是我從小看她長大的小女孩，她失去了雙臂，五歲的時候我還抱過她，她就告訴我說：「我沒有手」；我當時就在她耳邊說：「妳還有兩隻腳啊！」從此，楊小妹妹就開始用她的腳學習吃飯、做事，還練習寫字，如今她已經十二歲了。日前，她送了我兩盆杜鵑花，還用腳寫了「中華民國一定強」的一幅中堂給我，使我深受感動。她用腳寫的字好極了，我也未必寫得那麼好。她之所以做到這個地步，完全是靠她自己堅強的意志。我心裡也好高興。

以上兩件事，給了我很大的快樂，也給了我一些啟示，就是我們應該從這些地方去找尋快樂。

今天，馬秘書長接任新職，我希望從今天重新開始，大家能本著本黨光明正大、大公無私的精神，攜手合作，集中全民的意志，統一全民的力量，共同開創本黨與國家光明的前途。祝各位有個快樂的新年。

2月19日　星期二　農曆除夕

下午

四時二十七分，在大直寓所見秦主任委員孝儀。

七時半，發表電視談話，祝福全國軍民同胞新春快樂、人人健康、家家平安。

除夕談話

親愛的父老兄弟姊妹們：

大家好！

又是一年除夕，大家在一年辛勞之後，今晚又可以和家人團聚一起，過一個歡樂的春節。經國在此首先給大家拜個早年，祝福大家新春愉快，萬事如意！

過去的一年之中，在我們周圍，有很多值得高興的事，也有一些不幸的事，大體而言，我們各方面都有發展，最顯而易見的，是一面維持高度的經濟成長，另一方面保持相當平穩的物價，使我們生活得更寬裕、更安定。當然，國家的整體進步，還要靠我們大家更多的努力。在此歲末年初的時候，我想談談幾件大家生活上關心的事，希望在新的一年開始，讓我們有一個新的起步：

首先是良好的社會秩序，要靠大家來維護。每個人都希望安居樂業，每個人也都有義務遵守公共秩序。政府有確保治安的責任，也需要民眾的守法守紀來合作。只有人人尊重公共利益，才是個人利益最好的保障。

其次是提倡儉樸風氣。大家都知道，奢靡生活有害身心健康，只是許多年來，在豐衣足食之後，逐漸流於追逐享樂，習以為常而不自覺。希望大家一起來，重振中國人勤勞節儉的傳統美德，回復我們樸實清明的社會面貌。

第三是共同保持整潔的環境。大家都已感覺到，近年來各種公害日趨嚴重，如果不作有效的防治，必將危害到人們的生活品質；尤其是自然生態的保護，關係到我們後代子孫的生存與發展，更是我們這一代人的共同責任，希望現在開始，大家都為掃除污染和髒亂而努力。

第四是以禮貌促進祥和。在複雜的社會關係中，唯有大家相互尊重、相互容忍，才能避免衝突，才能彼此愉快。禮貌是友誼的媒介，有了和諧，就必然欣欣向榮。

農曆乙丑是牛年，牛所代表的是刻苦、耐勞、踏實、盡其在我的精神。俗話說：「一年之計在於春」，任何事情，只要我們立定志願，同心協力去做，決無不成之理。希望這一年是一個和諧團結年。讓我們以此共勉，也讓我再一次祝福大家新春快樂、人人健康、家家平安！

2月20日　星期三　農曆乙丑年元旦

上午

九時二十七分，偕同夫人至慈湖，恭謁先總統蔣公陵寢致敬。並與冒雨前來謁陵之民眾招手致意，相互拜年。

十時三十五分，至張資政羣寓所賀年。

下午

五時四十九分，在大直寓所見郝總長柏村。

2月21日　星期四

上午

九時四十分，在大直寓所見秦主任委員孝儀。

下午

三時五十分，在大直寓所見馬秘書長樹禮。

五時三十分，見秦主任委員孝儀。

2月22日　星期五

上午

九時五十一分，在府見李副總統。

十時〇八分，見沈秘書長昌煥、汪秘書長道淵、馬參軍長安瀾、張副秘書長祖詒、宋部長長志、郝總長柏村。

十時五十四分，見中央銀行張總裁繼正。

十一時〇九分，蒞臨中央黨部。

十一時十分，見馬秘書長樹禮。

十一時二十一分，見宋主任楚瑜。

2月23日　星期六

今日寫信給澎湖漁翁島清心飲食店老闆呂酒瓶，致謝其贈送海鮮，並請代為問候漁民朋友。

下午

三時五十七分，在大直寓所見俞院長國華。

致呂酒瓶信

酒瓶先生：

謝謝你前天冒著風雨，從馬公專程到我寓所，送給我一簍澎湖的海產，既新鮮又美好，更難得的是你這一片誠意，令我十分感動！我除了要向你拜年以外，我也想到你和你的家人。這令我記起了一句話，「我不忘人，人不忘我」。

認識你多年以來，我深深覺得你是一位真誠樸實的朋友，尤其是你對兒女的教育成功，這是我最高興的一件事。我衷心的祝福你家庭幸福！

為了表示我對你的友誼，我想送你一個別號「九屏」，不知你願否接受？將來我再到馬公時，一定前來看你，並請代我問候漁民朋友大家好！即祝新春快樂！

蔣經國

民國七十四年二月廿三日

2 月 24 日　星期日

下午

三時五十六分，在大直寓所見馬秘書長樹禮。

六時十六分，見俞院長國華。

2 月 25 日　星期一

上午

八時五十分，至圓山飯店理髮。

九時三十分，在府見宋部長長志。

十時〇三分，見沈秘書長昌煥。

十時五十六分，見汪秘書長道淵。

十一時二十一分，見宋部長長志。

下午

三時五十二分，在府接見哥斯大黎加共和國前社會聯盟黨主席暨下屆總統候選人喀德戎、前外長倪浩士及前駐華大使高立輝等。

四時二十五分，見中國時報董事長余紀忠及發行人余建新。

四時四十六分，見許主任歷農。

五時〇一分，見宋部長長志。

五時二十五分，見宋主任楚瑜。

五時三十六分，見沈秘書長昌煥。

2月26日　星期二

上午

九時十分，在府見沈秘書長昌煥。

九時二十七分，接見宏都拉斯共和國駐華大使傅烈飛（因即將卸任返國，來府辭行）。

九時五十九分，主持軍事會談。

2月27日　星期三

上午

八時二十三分，在臺北賓館見馬秘書長樹禮。

八時五十五分，主持中常會。

九時五十七分，聽取七十五年度中央政府總預算案簡報。參與者，有俞院長國華、沈秘書長昌煥、汪秘書長道淵、馬秘書長樹禮、陸部長潤康、鍾主計長時益。

十一時〇二分，見俞院長國華。

2月28日　星期四

上午

九時十五分，在府見沈秘書長昌煥。

九時五十三分，見汪秘書長道淵。

十時二十一分，見張副秘書長祖詒。

十時五十分，見秦主任委員孝儀。

3月1日　星期五

下午

四時三十五分，在府見沈秘書長昌煥。

五時十八分，見司法院范秘書長魁書。

五時四十九分，見汪秘書長道淵。

3月2日　星期六

下午

三時五十九分，在大直寓所見俞院長國華。

3月3日　星期日

下午

三時二十四分，在大直寓所見沈秘書長昌煥。

四時五十一分，見中央黨部馬秘書長樹禮。

八時三十分，見文工會宋主任楚瑜。

3月4日　星期一

上午

八時五十九分，至圓山飯店理髮。

十時〇五分，在府見新聞局張局長京育。

十時三十四分，見郝總長柏村。

十一時二十分，見俞院長國華。

下午

三時五十三分，在府見沈秘書長昌煥。

四時，約見韓國財務長官金滿堤及該部企劃管理室長權泰元二人。

四時四十六分，見總長顧問吉承俠、新任警總副總司令屠由信及新任海軍陸戰隊司令黃端先。
四時五十七分，見毛顧問松年。
五時〇六分，見宋部長長志。
五時二十分，見宋主任楚瑜。

3月5日　星期二

【無記載】

3月6日　星期三

上午

九時五十二分，在府主持國家安全會議，討論行政院擬送的「七十五年度中央政府總預算案核列情形報告」，於聽取報告及與會人員意見後，隨即指示，今年重要工作，特別要整頓財金經濟各方面存在的問題。並且強調，凡是政府官員，一定要憑良心，根據法律做事。此外，對於提高民間投資意願，徹底整頓國營事業，平衡中美貿易逆差以及根絕仿冒問題等，並分作提示，希望大家切實改進。
十一時二十五分，見沈秘書長昌煥。

主持國家安全會議提出意見

第一、今年的經濟成長決定的關鍵，還是在於提高民間投資意願。所以財政、經濟各方面的政策，都要朝此一方向努力。如果投資意願不高，無論國際變化如何對我們有利，對我們幫助都不會很大，所以大家必須在這方面下功夫。

第二、我們今年要徹底整頓國營事業，去年在這方面的工作稍有進步，可是我們仍必須要了解，不能使國營事業成為政府的負擔，而要使之成為經濟建設的重要動力和財政收入的重要來源。這是很重要的關鍵。

第三、最近美國輿論所關心的事，還是認為我們對於美國的出超太多，而且有增加的趨勢，這樣演變下去，將來可能影響到我們與美國的經貿關係，所以在平衡對美貿易方面，還要多加注意。

國家安全會議決議

一、行政院擬送「七十五年度中央政府總預算案核列情形報告」，顯示各級政府淨支出較七十四年度法定預算增加百分之十五．四；中央政府歲出總額核列四千一百二十五億六千餘萬元，較七十四年度增加百分之十四．八，增加幅度雖較最近數年略高，但衡諸經濟情勢以及政府重要施政的需要，尚屬適當，所報收支核列情形，應予備查。

二、七十五年度中央政府總預算收支差短，占預算總額百分之九．一，惟經常收支仍有五百一十六億元的賸餘，移充投資建設的財源，足徵政府財政基礎仍屬穩健。關於歲出的分配，繼續強化國防，積極推動十四項重要建設，增加公共投資，注重教育科技發展，適度調整軍公教人員待遇，以及增加對地方財政補助等，均能兼籌並顧，希即以所報收支情形為基礎，編製中央政府總預算案。

三、所報預算額度是以預估七十五年度經濟成長百分之八·五為目標而核列，惟國際經濟情勢多變，政府各部門應把握此一目標，隨時注意各種可變因素，採取適切措施，妥謀因應。同時關於預算的執行，尤應繼續重視績效，厲行節約，減少浪費。

四、近年來物價相當穩定，頗為不易，根據所報總資源供需估測，七十五年度躉售物價將上升百分之三·一九，消費者物價將上升百分之三·九一，顯示略有上揚趨勢，政府各有關部門，必須在此預估幅度內，切實謀求控制，俾使國家經濟能在穩定中持續發展。

五、本日與會人員發表的意見，請行政院研參辦理。

3月7日　星期四

下午

四時二十八分，在府見汪局長敬煦。

五時〇二分，見沈秘書長昌煥。

五時二十六分，見汪秘書長道淵。

3月8日　星期五

下午

四時，在大直寓所見秦主任委員孝儀。

3月9日　星期六

上午

八時五十四分，在府見宋部長長志。

九時二十分，見沈秘書長昌煥。
九時四十四分，見張副秘書長祖詒。
十時二十七分，見宋主任楚瑜。
十時四十五分，見郝總長柏村。
十一時十分，見汪秘書長道淵。

下午
四時〇二分，在府見俞院長國華及馬秘書長樹禮。
五時十六分，見朱部長撫松。
八時，在大直寓所見俞院長國華。

3 月 10 日　星期日

上午
十一時四十二分，陪同夫人至榮民總醫院就診，並駐蹕於該院。

3 月 11 日　星期一

今日上午，特派張副秘書長祖詒至臺大醫院，探視因病住院之臺北市市長楊金欉，轉致慰問之意。

下午
三時五十一分，在府見沈秘書長昌煥。
四時〇八分，見張副秘書長祖詒。
四時三十五分，見中央黨部馬副秘書長英九。
五時〇六分，見馬秘書長樹禮。
五時三十四分，見沈秘書長昌煥。

3 月 12 日　星期二

上午

八時三十一分，至圓山飯店理髮。

九時二十二分，在府見國立政治大學國際關係研究中心邵主任玉銘。

九時四十四分，見沈秘書長昌煥。

十時，在府內大禮堂，主持中樞國父逝世六十週年紀念大會，由嚴前總統家淦在會中作紀念報告，號召國人「以最善之努力，作最後之奮鬥」，使三民主義統一中國勝利成功，用慰國父在天之靈。

十時三十六分，見沈秘書長昌煥。

十時五十分，接見美國雕刻家范豪德夫婦，接受其所呈獻之銀質雕刻品「海鷗」，總統也以我國雕刻家朱銘作品「太極拳」回贈，藉申謝意。同時接見者，尚有美國功績保護委員會主席艾林伍夫婦等人。

十一時〇八分，見沈秘書長昌煥。

十一時三十六分，至榮民總醫院探視夫人。

下午

四時四十分起，在府先後見汪秘書長道淵、汪局長敬煦、郝總長柏村等。

六時〇六分，見俞院長國華。

3 月 13 日　星期三

上午

八時三十分，在臺北賓館見馬秘書長樹禮。

八時五十六分，主持中常會，通過內定李達海接任行政院政務委員兼經濟部部長，以接充徐立德辭職後的遺缺。總統隨後以明令特任李達海為經濟部部長，並為行政院政務委員。

九時五十三分，見戰略顧問高魁元上將。

十時十六分，見政策委員會趙秘書長自齊。

十時三十分，見高雄市許市長水德。

十時四十二分，見秦主任委員孝儀。

十一時二十二分，至榮民總醫院探視夫人。

下午

四時五十八分，在府見張副秘書長祖詒。

五時三十五分，見沈秘書長昌煥。

3月14日　星期四

上午

十一時，至榮民總醫院探視夫人，至下午一時許始離去。

下午

四時〇五分起，在府分別見沈秘書長昌煥、汪秘書長道淵、汪局長敬煦、馬秘書長樹禮等人。

六時，見張副秘書長祖詒。

3月15日　星期五

上午

九時三十四分，在府見汪秘書長道淵。

九時五十五分，見張資政寶樹。

十時四十五分，見張副秘書長祖詒。

今為總統暨夫人結婚五十週年之金婚紀念日，特於下午六時三十分，在大直寓所與家人舉行餐敘。（夫人係於上午十時五十八分由榮總返回大直寓所。）

3月16日　星期六

下午

四時〇八分，在府見沈秘書長昌煥。

四時三十分，約見日本前首相岸信介及日本前首相佐藤榮作夫人佐藤寬子，並以茶點款待。

五時，見汪局長敬煦。

八時二十分，在大直寓所見汪秘書長道淵。

3月17日　星期日

下午

二時五十五分，在大直寓所見俞院長國華。

四時三十四分，見沈秘書長昌煥。

五時四十六分，見宋主任楚瑜。

九時三十六分，見宋主任楚瑜。

3月18日　星期一

上午

八時二十九分，至圓山飯店理髮。

九時〇八分，在府見李副總統。

九時四十一分，見中央黨部梁副秘書長孝煌。

九時五十七分，見沈秘書長昌煥、汪秘書長道淵、汪局長敬煦。

十一時〇五分，見宋部長長志及郝總長柏村。

3月19日　星期二

上午

九時五十八分，在府主持軍事會談。

十一時十七分，見沈秘書長昌煥。

下午

五時十七分，在大直寓所見郝總長柏村。

3月20日　星期三

上午

八時十六分，在臺北賓館見馬秘書長樹禮。

八時三十二分，見社工會郭主任哲。

八時四十三分，見中央秘書處許主任大路。

八時五十分，見馬秘書長樹禮。

八時五十五分，主持中常會，通過主席交議，社工會主任郭哲，調任中委會副秘書長，現任副秘書長梁孝煌另有任用，予以免職；社工會主任遺缺由秘書處主任許大路調任；秘書處主任遺缺由亞東關係協會東京辦事處顧問兼秘書室主任蕭昌樂繼任。

九時四十分起，先後見俞院長國華、倪院長文亞、馬秘書長樹禮。

十時二十一分，在府見沈秘書長昌煥及汪秘書長道淵。

十時四十二分，見李副總統。

下午

一時二十四分，在大直寓所見宋主任楚瑜。

四時二十八分，見沈秘書長昌煥。

3月21日　星期四

下午

三時二十六分，在大直寓所見汪秘書長道淵。

四時五十分，見秦主任委員孝儀。

八時二十一分，見宋主任楚瑜。

3月22日　星期五

下午

三時四十四分，在大直寓所見沈秘書長昌煥。

四時五十六分，見汪秘書長道淵。

八時十九分，見秦主任委員孝儀。

九時三十分，見宋主任楚瑜。

3月23日　星期六

下午

三時〇一分，在大直寓所見沈秘書長昌煥。

三時五十七分，見俞院長國華。

3月24日　星期日

報紙披露，總統對中共魚雷快艇變故一事，十分關切，已囑外交當局全面瞭解案情，並積極處理此事。

上午

十時四十九分，在大直寓所見秦主任委員孝儀。

下午

二時五十五分，在大直寓所見馬秘書長樹禮。

三時五十五分，見宋主任楚瑜。

五時十分，見郝總長柏村。

八時二十六分，見秦主任委員孝儀。

3 月 25 日　星期一

中午

十二時三十七分，在大直寓所見秦主任委員孝儀。

下午

二時五十分，見沈秘書長昌煥。

四時三十三分，見秦主任委員孝儀。

3 月 26 日　星期二

上午

十時十二分，至圓山飯店理髮。

十一時十三分，在大直寓所見秦主任委員孝儀。

下午

三時二十五分，在大直寓所見沈秘書長昌煥及汪秘書長道淵。

四時五十六分，見蔣顧問彥士。

五時三十六分，見聯勤溫總司令哈熊。

3 月 27 日　星期三

上午

八時三十分，在臺北賓館見馬秘書長樹禮。

八時五十八分，主持中常會。
十時四十五分，在府見沈秘書長昌煥。
十一時，接見韓國交通部長官孫守益。
十一時三十二分，見宋主任楚瑜。
十一時三十六分，見宋部長長志。

下午
五時〇三分，在大直寓所見汪秘書長道淵。
五時三十七分，見宋主任楚瑜。

3 月 28 日　星期四
下午
五時十六分，在大直寓所見郝總長柏村。

3 月 29 日　星期五　中華民國七十四年青年節
總統特頒題詞，勗勉全國青年：「以青年的熱情推動社會的革新，以青年的活力開創國家的新機。」（今天上午中樞春祭國殤典禮，由李副總統代表擔任主祭。）

下午
五時五十三分，在大直寓所見秦主任委員孝儀。

3 月 30 日至 31 日　星期六至日
【無記載】

4月1日　星期一

下午

四時五十八分，在大直寓所見沈秘書長昌煥。

4月2日　星期二

上午

八時三十四分，至圓山飯店理髮。

九時十五分，在府見許主任歷農。

九時三十五分，見新任亞東關係協會駐日本代表毛松年。

九時四十分，見郝總長柏村。

十時，主持軍事會談。

十一時十四分，見俞院長國華。

下午

二時五十五分，在大直寓所見汪秘書長道淵。

三時五十二分，見秦主任委員孝儀。

4月3日　星期三

上午

八時十七分，在臺北賓館見馬秘書長樹禮。

八時五十六分，主持中常會，通過主席交議，由臺灣省黨部副主任委員王述親同志調任中央組工會副主任，接替已故副主任余學海之遺缺。

十時四十一分，見經濟部李部長達海。

十一時〇六分，見臺灣省政府邱主席創煥。

十一時十五分，見秦主任委員孝儀。

下午

三時二十九分，在大直寓所見宋主任楚瑜。

四時四十二分，見沈秘書長昌煥。

4月4日　星期四

下午

三時四十七分，在府見沈秘書長昌煥、俞院長國華及朱部長撫松。

四時五十五分，見張副秘書長祖詒。

4月5日　星期五

今日為先總統蔣公逝世十週年紀念日，特輯十年來思親勵志之作，彙為「十年風木」一書。並親撰紀念文，用以自箴，並與同胞同志相互期勉。

上午

九時，偕同家人抵達慈湖，在蔣公靈堂前行禮默禱，表達無盡之孺慕與追思。

下午

三時二十四分，在大直寓所見汪秘書長道淵。

五時三十七分，見俞院長國華。

「十年風木」序言

慈湖春雨，遠山近水，一片寧靜，於此默坐澄思，雖一草一木，一几一杖，皆無異親承父親庭訓時光景。

乃歲月易逝，父親辭世，倏忽十年，在此期間，國家所遭逢之憂患挫折，頗如治絲，端緒益棼；所以身當百難之衝，仍不敢不愈挫愈奮者，乃恃國父之主義，與父親之遺命，為之指引。十年以來，哀慟未盡，思慕不忘，因不自覺，往往出其血忱，綴為紀念文字。今當父親逝世十週年祭，緬懷夙昔，瞻念方來，謹輯此歷年蓼莪罔極之作，彙為「十年風木」一編，一則置之硯右，藉以自箴自砭，懷永不忘；一則備諸同志同仁，作為相互期勉印證，庶幾不為虛文妄作。且以上告父親在天之靈，誓以血誠大義，以達成遺志大願也。

蔣經國謹記

中華民國七十四年四月於慈湖

「十年風木」目錄

4月6日　星期六

下午

三時五十八分，在大直寓所見沈秘書長昌煥。

4月7日　星期日

上午

十時〇八分，在大直寓所見秦主任委員孝儀。

下午

三時二十五分，在大直寓所見馬秘書長樹禮。

四時二十二分，見郝總長柏村。

五時三十二分，見宋主任楚瑜。

4月8日　星期一

下午

二時二十七分，至圓山飯店理髮。

三時十八分起，在府分別見海軍劉總司令和謙、蔡國策顧問鴻文、毛前民航局長瀛初、國際關係研究中心邵主任玉銘及吳國策顧問開先。

四時四十二分，見汪秘書長道淵。

4月9日　星期二

下午

三時十一分，在府見宋部長長志。

三時二十八分，見李副總統。

三時四十八分，見沈秘書長昌煥。

四時，接見美國聯邦參議員丹頓夫婦。
四時四十分，接見美國聯邦眾議員史金、尼爾森夫婦等三人。
四時五十六分，接見美國戚烈拉將軍。
五時二十八分，見秦主任委員孝儀。
五時四十五分，見沈秘書長昌煥。

4 月 10 日　星期三

上午

八時十五分，在臺北賓館見嚴常委家淦及馬秘書長樹禮。
九時，主持中常會。
九時五十二分，見朱部長撫松。
十時〇四分，見馬秘書長樹禮。

下午

二時五十分，在府見汪局長敬煦。
三時二十二分，見汪秘書長道淵。
三時四十三分，見沈秘書長昌煥。
三時五十五分，見陳資政立夫。
四時三十一分，見張副秘書長祖詒。
今日頒贈旅日僑領張和祥「熱心僑教」匾額一方，以表揚其義行。

4 月 11 日　星期四

下午

三時三十九分，在大直寓所見沈秘書長昌煥。

五時十七分，見俞院長國華。

4 月 12 日　星期五

下午

三時二十六分，在大直寓所見汪秘書長道淵。

四時二十一分，見秦主任委員孝儀。

晚

九時十一分，見宋主任楚瑜。

4 月 13 日　星期六

今日特頒「志業長昭」輓額，以悼念中央委員會黨務顧問、前彰化縣縣長陳錫卿之喪。

下午

三時三十六分，在大直寓所見沈秘書長昌煥。

4 月 14 日　星期日

下午

二時四十九分，在大直寓所見汪秘書長道淵。

三時五十四分，見郝總長柏村。

五時，見俞院長國華。

五時五十五分，見馬秘書長樹禮。

4 月 15 日　星期一

上午

九時四十九分，至圓山飯店理髮。

十時四十三分，在府見李副總統。
十一時二十五分，見朱部長撫松。

下午
五時五十一分，在大直寓所見宋主任楚瑜。

4月16日　星期二

國軍退除役官兵輔導會議，定今日起舉行四天，總統特頒書面致詞，勗勉與會人員，一本自強不息精神，砥礪志節，和諧團結，以加速達成復國建國神聖使命。

上午
九時三十五分，在府見汪秘書長道淵。
九時四十七分，見宋部長長志。
十時〇三分，主持軍事會談。
十一時二十三分，見俞院長國華。

國軍退除役官兵輔導委員會七十四年輔導會議書面致詞

鄭主任委員並轉七十四年輔導會議全體榮民代表暨輔導會各位同仁：

榮民輔導工作，是秉承先總統蔣公關愛勛舊袍澤的德意而創辦的。三十年來，由於輔導會各級同仁忠勤任事，銳意開創，以及全體榮民弟兄的胼手胝足，艱苦奮鬥，不僅奠定了良好的事業弘規，對社會安定、經濟發展、以及國家整體建設，亦均有重大的貢獻，至堪嘉勉。

值茲舉行七十四年輔導會議之際，深望全體與會人員，懍於輔導工作克難創業之艱辛，以及來日所負任務之重大，一本自強不息精神，貫徹忠貞報國初衷，匯集眾智，竭誠奉獻，結合全體榮民意願，因應國家社會需要，繼續致力輔導業務的研究發展；並從而相互砥礪志節，促進情感交流，建立共信共識，鞏固和諧團結，以加速達成復國建國的神聖使命。

經國對我全體榮民弟兄之生活、健康及工作情形無時不在繫念之中，尚希與會代表轉達誠摯的關懷與慰問之忱。

祝福各位健康愉快！勝利成功！

總統　蔣經國

4月17日　星期三

上午

八時二十五分，在大直寓所見沈秘書長昌煥及汪秘書長道淵。

4月18日　星期四

上午

八時五十二分起，在府分別見外交部朱部長撫松、警備陳總司令守山、總統府沈秘書長昌煥、國家安全會議汪秘書長道淵、憲兵柏司令隆鑲、警政署羅署長張。

十時五十四分，約見以演出「殺戮戰場」影片獲得本屆奧斯卡最佳男配角獎之華裔演員吳漢，除予以祝賀鼓勵外，並以所著「十年風木」一書，贈予吳君。

十一時〇四分，見宋部長長志。

下午

四時十二分，在大直寓所見秦主任委員孝儀。

五時十二分，見汪秘書長道淵。

4月19日　星期五

今日頒令褒揚已故國民大會代表、總統府資政余井塘。

下午

四時五十一分，在大直寓所見沈秘書長昌煥。

今日下午，內政部部長吳伯雄在該部轉發總統題頒「尚義尊仁」匾額給林明成君，以感謝其慨捐土地作為先總統蔣公陵寢用地之義行。

余井塘褒揚令

國民大會代表、總統府資政余井塘，德行純厚，器議宏遠，歷任中央政治學校教務主任、江蘇省民政廳廳長、教育部常務次長、內政部部長、行政院政務委員、行政院副院長等職。綜其生平，操履清慎，守正不阿，謨議忠誠，擇善固執，育才從政，功績孔昭，匡濟時艱，耄齡無懈。茲聞溘逝，痛失老成，應予明令褒揚，以示政府篤念勳賢之至意。

4月20日　星期六

下午

五時〇九分，在大直寓所見秦主任委員孝儀。

七時三十分，見宋主任楚瑜。

4月21日　星期日

上午

十時三十分，在大直寓所見馬秘書長樹禮。

下午

三時，在大直寓所見俞院長國華。

四時二十七分，見沈秘書長昌煥。

五時三十八分，見郝總長柏村。

4月22日　星期一

上午

八時二十七分，至圓山飯店理髮。

九時二十分，在府見汪秘書長道淵。

九時四十七分起，分別見前駐馬來西亞代表孔令晟、外交部參事殷惟良（奉准接孔令晟遺缺）、中央秘書處主任蕭昌樂、國防部部長宋長志、戰略顧問尹俊等。

十時四十六分，見交通部臺灣電信總局特勤室主任李再興及副主任邱桐階。

十時五十四分，見教育部部長李煥及成功大學航空系主任兼航空太空研究所所長趙繼昌。

下午

五時四十分，在大直寓所見宋主任楚瑜。

4月23日　星期二

下午

四時二十二分，在府見沈秘書長昌煥。

四時五十一分，見倪院長文亞。

五時十九分，見張副秘書長祖詒。

五時五十五分，見宋部長長志。

4月24日　星期三

上午

八時二十二分，在臺北賓館見馬秘書長樹禮，隨後又加見沈秘書長昌煥。

九時，主持中常會。

十時〇四分，見革命實踐研究院吳副主任俊才。

十時十四分，見臺灣省政府邱主席創煥。

十時三十分，見青年工作會高主任銘輝。

下午

三時二十八分起，在府分別見郝總長柏村、鄭主任委員為元、陸軍蔣總司令仲苓、許主任歷農、空軍郭總司令汝霖、李部長煥、宋部長長志等。

五時三十四分，見沈秘書長昌煥。

今日獲悉總統府資政黃季陸先生因病逝世，特派中央黨部秘書長馬樹禮（於下午六時）前往黃氏在臺次子黃乃興家中，轉致悼慰之意。

4月25日　星期四

今為任卓宣教授九十壽辰。總統特題頒「教績延庥」壽軸，以示祝賀。

下午

三時四十六分，在府見中央政策委員會趙秘書長自齊。

四時二十三分，見張副秘書長祖詒。

四時四十五分，見李副總統。

五時二十分，見沈秘書長昌煥。

4月26日　星期五

上午

九時十二分，在府見汪秘書長道淵，隨後又加見沈秘書長昌煥。

九時四十八分，見秦主任委員孝儀。

十時〇一分，見俞院長國華。

十時四十五分，見郝總長柏村。

十一時十三分，見沈秘書長昌煥。

下午

五時五十六分，在大直寓所見汪秘書長道淵。

4月27日　星期六

【無記載】

4 月 28 日　星期日

下午

二時五十五分，在大直寓所見沈秘書長昌煥。

四時二十四分，見馬秘書長樹禮。

五時十七分，見秦主任委員孝儀。

4 月 29 日　星期一

上午

八時五十二分，至圓山飯店理髮。

九時三十二分，在府見李副總統。

十時十分，見汪局長敬煦。

十時四十分，見馬秘書長樹禮。

十時五十五分，見周侍衛長仲南（將調任憲兵司令新職）。

十一時〇六分，見郝總長柏村。

4 月 30 日　星期二

上午

九時十九分，在府見沈秘書長昌煥。

九時三十分，接見來府辭行之大韓民國駐華大使金鍾坤。

九時五十一分，見宋部長長志。

十時，主持軍事會談。

十時五十九分，見俞院長國華。

下午

五時二十七分，在大直寓所見秦主任委員孝儀。

5月1日　星期三　勞動節

總統特頒書面賀詞，向勞工朋友表示慶賀之意。

上午

八時二十七分，在臺北賓館見馬秘書長樹禮。

八時五十六分，主持中常會。

十時，見秦主任委員孝儀。

下午

三時四十六分，在府見沈秘書長昌煥。

四時，約見美國傳統基金會會長佛納。

四時三十七分，見沈秘書長昌煥。

五時，見汪秘書長道淵。

五時十二分，見張副秘書長祖詒。

勞動節書面賀詞

五一勞動節慶祝大會主席並轉全國親愛的勞工朋友們：

今天是中華民國七十四年的勞動節，勞工朋友們是企業生產的中堅，也是國家建設的動力。多年以來，各位均能堅守崗位，克勤克儉，各盡所能，創新精進，不僅奠定了社會安和、民生樂利的堅實基礎，對國家整體建設，亦卓著績效，經國首先要藉此機會表示深摯的感謝和敬佩之意。

三民主義的勞工政策，一直是本著勞資合作的原則，採與時俱進的積極態度，致力於協調勞資關係，健全勞工法制，改善勞工福利，加強職業安全與輔導等，尤以去年八月一日公布施行勞動基準法，擴大勞工適用範圍，更充分顯示政府實踐民生主義，維護勞工權益的決心。今後，政府定必秉持一貫的政策，繼續為改善勞工生活，增進勞工福利而努力。

我們在此歡欣慶祝勞動節之際，深望全體勞工朋友們，懍於國步多艱，不但要支持政府，和衷共濟，加速國家各項建設的推行，更要盡心竭力，淬礪奮發，以質樸堅毅的精神，精益求精的態度，為社會風尚的楷模，做全國人民的表率，為早日達成復國建國的神聖使命而努力奮鬥。

經國對我全體勞工朋友之生活、健康及工作情形無時不在繫念之中，尚希大會主席、與會代表代為轉達誠摯的關懷與慰問之忱。

祝福各位健康愉快，事業成功。

5月2日　星期四

下午

五時〇二分，在大直寓所見秦主任委員孝儀。

5月3日　星期五

總統府資政、國民大會代表黃季陸追思禮拜，今天上午在臺北市懷恩堂舉行，總統特派沈秘書長昌煥代表致祭，並頒「愴懷耆賢」輓額悼念。

下午

三時四十二分，在府見秦主任委員孝儀。

四時〇一分，見宋部長長志。

四時二十二分，見沈秘書長昌煥。

五時〇四分，見郝總長柏村。

五時三十三分，見馬秘書長樹禮。

5 月 4 日　星期六

下午

三時三十分，在大直寓所見俞院長國華。

5 月 5 日　星期日

下午

四時三十分，在大直寓所見沈秘書長昌煥。

5 月 6 日　星期一

上午

九時〇二分，至圓山飯店理髮。

九時四十四分，在府見李副總統。

十時〇八分，見宋部長長志。

十時二十九分，見汪秘書長道淵。

十時五十四分，見張副秘書長祖詒。

下午

三時三十三分，在大直寓所見秦主任委員孝儀。

5 月 7 日　星期二

今值總統華誕，仍照常處理公務，對海內外同胞之申致祝賀，則藉報端表示感謝，並有所勗勉。

上午

九時十五分起，在府分別見外交部朱部長撫松、中央銀行張總裁繼正及聯合報王董事長惕吾、美國世界日報馬社長克任。

十時二十分，見宋部長長志及郝總長柏村。

十時四十四分，見沈秘書長昌煥、馬參軍長安瀾及張副秘書長祖詒。

十一時十三分，見宋主任楚瑜。

下午

五時三十一分，在大直寓所見汪秘書長道淵。

5 月 8 日　星期三

上午

八時四十分，在臺北賓館見馬秘書長樹禮。

九時，主持中常會。

明（九）日為張資政岳軍先生九十七歲壽辰，總統特於上午十時三十分，親臨張資政寓所，以申賀意。

下午

八時十八分，在大直寓所見宋主任楚瑜。

5 月 9 日　星期四

下午

三時五十分，在府見李副總統。

四時二十七分，見汪秘書長道淵。

四時四十二分，見秦主任委員孝儀。

五時二十五分，見張副秘書長祖詒。

5 月 10 日　星期五

日前總統華誕，有十一位民間老友呈獻「松鶴長春」圖一幀以為壽。總統以作圖人王雙寬畫筆精緻，且為此忙碌多日，特於今日致函王君以申謝，同時期勉國人，在此國家多難之際，共同為國家前途與社會進步而奮發努力。

下午

二時四十三分，在府見汪秘書長道淵。

三時〇二分，見宋部長長志。

三時二十九分，見秦主任委員孝儀。

三時五十二分，見沈秘書長昌煥。

四時三十五分，見汪秘書長道淵。

5 月 11 日　星期六

中央研究院院士傅京孫在美逝世，國內各界在今天上午在臺灣大學舉行追思會。總統特題頒「績學揚芬」輓額，悼念其一生為國內科學界所作之貢獻。

下午

二時五十八分，在大直寓所見俞院長國華。

五時十三分，見馬秘書長樹禮。

5月12日　星期日

下午

五時五十五分，在大直寓所見沈秘書長昌煥。

5月13日　星期一

下午

三時〇七分，至圓山飯店理髮。

三時五十七分，在府見教育部李部長煥。

四時四十分，見宋部長長志。

四時五十五分，見汪秘書長道淵。

5月14日　星期二

上午

九時二十二分，在府見海軍劉總司令和謙。

九時四十三分，見駐美勤務協調組陸軍小組長吳東明少將（將調任本府侍衛長）。

十時，主持軍事會談。

十一時〇三分，見俞院長國華。

5月15日　星期三

上午

八時二十七分，在臺北賓館見馬秘書長樹禮。

八時五十一分，見俞院長國華。

九時，主持中常會。提示從政同志，為防止新建翡翠水庫水源遭受汙染，確保當地生態環境，應迅就水庫上游不得興建房屋、學校或娛樂場所，作未雨綢繆的妥善決定。

九時五十八分，見戰略顧問高魁元上將。

十時十三分，見馬秘書長樹禮、組織工作會宋主任時選、臺灣省黨部關主任委員中、臺北市黨部陳主任委員金讓、高雄市黨部吳主任委員挽瀾。

十時四十七分，見宋主任楚瑜。

十一時，見俞院長國華。

下午

四時五十五分，在大直寓所見馬秘書長樹禮。

5月16日　星期四

下午

三時三十分，在府見張副秘書長祖詒。

四時，見秦主任委員孝儀。

四時十分，見汪局長敬煦。

四時三十七分，見李副總統。

四時五十七分，見沈秘書長昌煥。

五時二十三分，見宋部長長志。

5月17日　星期五

上午

九時五十四分，在府見俞院長國華。

十時二十五分，見郝總長柏村。

十時五十四分，見秦主任委員孝儀。

下午

四時五十七分，在大直寓所見沈秘書長昌煥。

5月18日　星期六

下午

三時三十九分，在大直寓所見馬秘書長樹禮。

五時三十五分，見秦主任委員孝儀。

5月19日　星期日

下午

四時十分，在大直寓所見汪秘書長道淵。

五時，見郝總長柏村。

5月20日　星期一

上午

八時三十四分，至圓山飯店理髮。

九時二十分，在府見李副總統。

九時四十一分，見新任侍衛長吳東明。

九時五十分，見張副秘書長祖詒。

十時十七分，見沈秘書長昌煥。

下午

四時三十分，在大直寓所見宋主任楚瑜。

五時五十七分，見馬秘書長樹禮。

八時〇三分，見秦主任委員孝儀。

5月21日　星期二

上午

九時五十分，在府見沈秘書長昌煥。

十時，接見大韓民國新任駐華大使金相吉，並接受其呈遞到任國書。

十時三十分，接見新加坡國防暨貿易工業部政務部長李顯龍。

十時四十一分，見沈秘書長昌煥。

下午

三時五十七分，在府中見中央日報曹董事長聖芬。

四時二十分，見李部長煥。

四時五十九分，見李副總統。

5月22日　星期三

上午

八時二十九分，在臺北賓館見馬秘書長樹禮。

八時五十三分，見臺灣省政府邱主席創煥。

九時，主持中常會。通過人事案，內定由高雄市市長許水德繼任臺北市市長，臺南市市長蘇南成繼任高雄市市長。現任臺北市市長楊金欉，因病懇請辭職照准。

十時三十一分，見高雄市市長許水德。

十時三十七分，見秦主任委員孝儀。

5月23日　星期四

上午

十時十四分，在府見沈秘書長昌煥。

十時三十分，接見美國前白宮國家安全顧問、前內政部長克拉克及前白宮政治主任諾夫齊格。

十一時，見沈秘書長昌煥。

下午

三時五十五分，在府見沈秘書長昌煥。

四時，接見國際青年商會世界總會主席魯西安諾及會務執行人員等五人。

四時十七分，見宋部長長志。

四時二十六分，接見韓國監察院院長黃永時夫婦。

四時五十四分，見沈秘書長昌煥。

五時，見秦主任委員孝儀。

總統今日明令任命許水德為臺北市市長，蘇南成為高雄市市長。

今日聘任楊金欉為總統府國策顧問，於下午派總統府張副秘書長祖詒前往其寓所致送聘書，並表示慰問之意。

5月24日　星期五

一九八五年國際青年商會亞太地區大會，今起在高雄市中正文化中心舉行五天，總統特頒書面賀詞，勉勵與會代表，發揚互助精神，建立和諧社會，使全人類獲得更美好燦爛的明天。

下午

四時五十九分，在大直寓所見宋主任楚瑜。

一九八五年國際青年商會亞太地區大會書面賀詞

國際青年商會一九八五年亞太地區高雄大會代表諸君公鑒：

國際青年商會，集結全球優秀青年，以訓練自己、服務人群，促進社會繁榮進步為宗旨。自成立以來，所創造的卓越成就，已深獲全世界愛好自由和平人士之讚許。

此次亞太地區大會以「促進和平、致力合作」為主題，重申貴會一貫努力的崇高目標，具有深長意義。本人深信由於貴會之揭櫫倡導，必能激勵互助合作精神之發揚，有助於「我為人人，人人為我」和諧社會之建立，使全人類獲得更美好、燦爛的明天。

欣逢亞太地區大會第二次在高雄市舉行，本人特代表中華民國政府與人民，向各位嘉賓申致誠摯的歡迎之忱，並望諸君就此次來華與會之便，更增進對中華民國之認識與了解。

敬祝大會圓滿成功，諸君健康快樂！

5月25日　星期六

上午

九時三十六分，在府見汪秘書長道淵。

九時五十分，見亞東關係協會駐日副代表林金莖。

十時十五分，見憲兵周司令仲南。

十時二十八分，見宋部長長志。

十時四十七分，見沈秘書長昌煥。

下午

三時三十七分，在大直寓所見馬秘書長樹禮。

5月26日　星期日

下午

四時，在大直寓所見俞院長國華。

五時〇八分，見沈秘書長昌煥。

5月27日　星期一

上午

十時三十九分，至圓山飯店理髮。

十一時二十分，在府見汪秘書長道淵及宋部長長志。

十一時四十六分，見李副總統。

下午

四時四十九分，在大直寓所見秦主任委員孝儀。

5月28日　星期二

上午

十時四十分，蒞臨中正國際機場。

十一時，在機場國賓室，迎晤哥斯大黎加共和國總統孟赫，對其遠道來訪，申致歡迎之忱，並與全體隨員一一握手致意。（隨後，孟赫總統等一行，由李副總統陪同，搭乘禮車，前往圓山行館休息。）

下午

四時二十三分，在大直寓所見汪秘書長道淵。

七時，在總統府接見哥國總統孟赫及其外交部部長古提瑞斯、計畫部部長魏耶蘇索、哥國駐華大使法耶郎等。

七時三十分，在府以國宴款待來訪之孟赫總統及其隨行官員十五人。與宴之人士，有我國李副總統、五院院長、黨政軍首長，以及臺北外交使節團共四十一人。兩國元首在先後致詞中，一致重申對兩國四十多年邦交的重視，並期望今後兩國有更進一步之合作。國宴至九時結束。

5月29日　星期三

上午

八時三十三分，在臺北賓館見馬秘書長樹禮。

九時，主持中常會，通過黨營文化事業人事調整案。會後，見馬秘書長樹禮及三位副秘書長：郭哲、邵恩新、馬英九。

下午

四時，在府接見美國十四航空隊協會榮譽副會長史東與貝納特、強生、范克里夫、米勒等五人。

四時二十分，見沈秘書長昌煥。

四時三十分，接見美國聯邦眾議員柯艾侯夫婦、霍普金斯、包克瑟及其夫婿等人。

五時〇四分，見沈秘書長昌煥。

五時十五分，見張副秘書長祖詒。

五時三十四分，見汪秘書長道淵。

中常會通過人事調整案

中央通訊社董事長

馬星野→曹聖芬（原中央日報董事長）

中央日報董事長

曹聖芬→林徵祁（原香港時報董事長）

中央委員會秘書長

馬樹禮→馬樹禮（原兼中廣董事長）

中廣董事長

馬樹禮→潘振球（原救國團主任）

正中書局董事長

蕭繼宗→甘毓龍（原行政院新聞局副局長）

5月30日　星期四

下午

一時，至圓山飯店麒麟廳，參加哥斯大黎加共和國總統孟赫舉行之答謝酒會。到達會場時，受到孟赫總統之擁抱歡迎。隨後，與孟赫總統在會客室親切晤談約二十五分鐘，然後離去。

五時十五分，在大直寓所見秦主任委員孝儀。

今日聘任中央通訊社即將卸任之董事長馬星野，為總統府國策顧問。因馬董事長現正因病住臺大醫院療養，總統下午特派本府張副秘書長祖詒前往慰問，並面致聘書。

5月31日　星期五

下午

三時三十八分，親臨中正國際機場，歡送哥斯大黎加共和國總統孟赫離華。

6月1日　星期六

世界五大洲華人團體聯誼總會等三大僑團，今（一）日起在舊金山舉行聯合年會，總統特頒賀詞，祝賀大會圓滿成功。

上午

九時三十九分，在府見宋部長長志。
十時，宏都拉斯共和國新任駐華大使宋雪莉女士到府晉見總統，呈遞到任國書。
十時十分，見我駐哥斯大黎加共和國金大使樹基。
十時二十五分，新任監察院秘書長朱炳麟、臺北市市長許水德、高雄市市長蘇南成舉行宣誓，由總統親臨主持監誓。
十時三十分，見我駐烏拉圭共和國夏大使功權。
十時四十六分，見空軍郭總司令汝霖。
十一時十四分，見李副總統。

總統關懷澎湖軍民生活及飲水問題，今日上午特別以電話向澎湖縣長謝有溫垂詢連日來落雨及目前供水情形。並請其代向全縣民眾轉致關懷之意。

下午

三時二十七分，在大直寓所見俞院長國華。
五時〇七分，見馬秘書長樹禮。
七時五十九分，見宋主任楚瑜。

世界五大洲華人團體聯誼總會等三大僑團聯合年會書面賀詞

世界五大洲華人團體聯誼總會第三屆年會；美洲各地中華會館、中華公所、華僑總會聯誼會第六屆年會；全美各地中華會館、中華公所聯誼會第十屆年會全體代表公鑒：

欣聞貴會聯合年會在美國舊金山隆重舉行，集全僑俊彥於一堂，精誠無間，為僑社進步而努力，至感佩慰。

當此世局多變，民主與極權勢力互為消長之際，我僑社僑胞均能堅守民主陣容，識清敵我，充分發揮了四海同心、戮力反共的大義赤忱。此次年會之舉行，深信更能加強全球僑胞團結合作、增進僑社福祉，加速完成以「三民主義統一中國」的歷史使命。特此致賀，並祝大會圓滿成功，諸君健康愉快。

6月2日　星期日

上午

十時三十九分，至榮民總醫院探視孫資政運璿。

下午

三時二十七分，在大直寓所見沈秘書長昌煥。

四時五十二分，見秦主任委員孝儀。

五時十七分，見郝總長柏村。

6月3日　星期一

下午

二時四十二分，至圓山飯店理髮。

三時四十五分，在府接見美國美中經濟協會理事長甘乃荻；晤談二十七分鐘後，加見甘乃荻夫人及該協會秘書長莫偉禮夫婦。

四時四十分，見沈秘書長昌煥。

五時十七分，見汪秘書長道淵。

6月4日　星期二

下午

三時五十二分，在府見司法院黃院長少谷。

四時五十分，見沈秘書長昌煥。

五時十六分，見張副秘書長祖詒。

6月5日　星期三

上午

八時三十八分，在臺北賓館見馬秘書長樹禮。

九時，主持中常會。

十時十五分起，先後見倪院長文亞、秦主任委員孝儀、馬秘書長樹禮。

下午

三時五十八分起，在府見警備總司令陳守山、前經濟部部長徐立德、救國團主任潘振球、中央日報董事長林徵祁、臺肥公司董事長王玉雲。

6月6日　星期四

下午

三時五十五分，在府見教育部部長李煥、中山大學校長趙金祁及成功大學醫學院院長黃崑巖。

四時三十五分，見沈秘書長昌煥。

五時二十二分，見汪秘書長道淵。

6月7日　星期五

下午

五時十二分，在大直寓所見宋主任楚瑜。

6月8日　星期六

下午

三時二十九分，在大直寓所見俞院長國華。

五時二十三分，見馬秘書長樹禮。

八時，見郝總長柏村。

6月9日　星期日

上午

十一時四十六分，在大直寓所見秦主任委員孝儀。

下午

三時二十七分，在大直寓所見沈秘書長昌煥。

五時十七分，見汪秘書長道淵。

七時五十九分，見秦主任委員孝儀。

6月10日　星期一

下午

三時〇三分，至圓山飯店理髮。

四時，宏都拉斯共和國外交部部長巴斯夫婦來府拜會總統，代表宏國總統蘇阿索以該國最高勳章——宏國國父莫拉桑夫十字金質勳章，追贈先總統蔣公，以表達對蔣公豐功懋德之崇敬與懷念，由總統親予接受。

四時十八分起，見宋部長長志、法務部施部長啟揚、許市長水德、許主任歷農。

五時二十分，見郝總長柏村。

五時三十分，見李副總統。

6月11日　星期二

上午

九時二十分起，在府見三軍大學言校長百謙、第八軍團盧司令光義、裝訓部黃指揮官耀羽。

九時五十七分，主持軍事會談。在聽取參謀總長郝柏村有關此次「漢光二號」演習的全部報告後，對國軍官兵在演習中之優越表現，極為欣慰。特囑郝總長轉達嘉勉之意；同時期勉國軍官兵在未來戰備工作上，更精益求精，新益求新。

下午

三時五十分，在府見中國時報董事長余紀忠。

四時三十七分，見新聞局張局長京育。

四時五十六分，召見高雄市蘇市長南成，垂詢高雄市政現況與市民生活情形；並勉勵蘇市長不但要有跑百米的衝勁，更要能有跑萬米的耐力，為地方建設奉獻心力。

6月12日　星期三

上午

八時二十六分，在臺北賓館見馬秘書長樹禮。

八時五十三分，見秦主任委員孝儀。

九時，主持中常會。會中核定開除黨員蔡辰洲黨籍之處分。

十時十九分，見俞院長國華。

十時三十八分，見高雄市議會議長陳田錨，對他主持高雄市議會三年多來之辛勞與貢獻，表示嘉勉，並勗勉其繼續為地方服務，為黨國效命。

下午

五時二十三分，在大直寓所見秦主任委員孝儀。

九時十八分，至基隆碼頭乘邵陽艦前往馬祖。

6月13日　星期四

上午

七時四十七分，抵達馬祖，並在艦上見馬祖防衛部司令官程邦治。

八時三十分，在勝利山莊見連江縣縣長賴宗煙。

八時四十五分，聽取簡報。

九時五十分起，先後巡視了成功山、中興嶺、仁愛社區、三君子廟、津沙水庫、儲水沃水庫，然後返回勝利山莊。

十一時五十五分，至勝利山莊與軍政幹部會餐。

下午

三時〇五分，巡視福沃社區，並在福沃村福香小吃店進食餛飩一碗。

三時二十分，至港口大樓聽取建港工程簡報。隨後又巡視了福沃港、津沙訓練基地、寶血幼稚園（並送蘋果兩箱給幼兒們）、中正國中及山隴等地。在山隴社區時，曾接受大千書店店主陳書廉呈獻之彩玉石篆刻印章一枚。

六時二十五分，在勝利山莊與軍政幹部會餐。

七時四十分，觀賞由馬祖文化工作隊擔任演出之晚會。

6月14日　星期五

上午

六時五十五分，在勝利山莊進用早餐。

七時二十二分，至福沃碼頭登艦返航。

下午

二時十五分，抵基隆軍區碼頭，即返大直寓所。

6月15日　星期六

下午

四時四十一分，在大直寓所見馬秘書長樹禮。

七時五十九分，見宋主任楚瑜。

6月16日　星期日

下午

三時三十分，在大直寓所見沈秘書長昌煥。

6月17日　星期一

上午

九時三十一分，至圓山飯店理髮。

十時十二分，在府見張副秘書長祖詒。

十時四十一分，見馬參軍長安瀾。

十時五十一分，見沈秘書長昌煥。

十一時〇九分，見第一局劉局長垕（將應邀赴歐訪問）。

十一時二十一分，見郝總長柏村。

6月18日　星期二

下午

三時十九分，在府見李副總統。

四時〇五分，見汪局長敬煦。

四時三十七分，見沈秘書長昌煥。

6月19日　星期三

上午

八時十九分，在臺北賓館見馬秘書長樹禮。

九時，主持中常會。通過以下二項人事案：

一、內定派外交部歐洲司司長王飛，為我國駐史瓦濟蘭王國特命全權大使；現任大使周彤華，另有任用，予以免職。

二、核定開除黨員蕭政之、蕭圳根二人黨籍之處分。
十時三十六分，見俞院長國華。
十時四十九分，見臺灣省議會議長高育仁及臺北市議會議長張建邦，對省市議會問政情形及省市建設之進展，殷殷垂詢，關切備至。
十一時〇六分，見馬秘書長樹禮、組織工作會宋主任時選、臺灣省黨部關主任委員中、臺北市黨部陳主任委員金讓、高雄市黨部吳主任委員挽瀾。

下午
七時四十六分，在大直寓所見聯勤溫總司令哈熊。

6月20日　星期四

下午
三時二十七分，在府見教育部李部長煥。
四時〇二分，接見索羅門群島總理凱尼洛雷亞、國會議員費托亞、總理政治秘書卡碧尼等三人。
四時三十分，接見大韓民國國會外務委員會委員長奉斗玩夫婦。
四時五十五分，見沈秘書長昌煥。
五時十分，見宋部長長志。
五時三十四分，見許主任歷農。

6月21日　星期五

上午
九時〇五分，自松山基地飛金門。

九時四十八分，抵金門尚義機場。
十時〇九分，巡視古寧頭戰史館，曾與官兵合影於館前。
十時三十分，巡視中正國民小學，與學生們合影談話。
十時三十八分，巡視金城鎮，與民眾合影於天工貢糖店之前。
十一時，至金門漁港，巡視漁貨區，並聽取漁港工程簡報。
十一時〇八分，至漁佳新村，與村民周祖銀家人話家常。
十一時十八分，蒞臨金門防衛部休息並進午餐。
十二時二十八分，至明盧聽取金門防衛部工作簡報。

下午
三時五十五分，巡視田埔水庫，與農民王美城、楊秀琴夫婦話家常。
四時十四分，巡視林務所，然後轉往田墩海堤，聽取駐防部隊長之簡報。
五時二十四分，巡視山外社區後回金防部。
五時五十五分，集合防區幹部點名、講話並會餐。
六時四十七分，返明盧。

6月22日　星期六

上午
七時三十分，至金門防衛部進早餐。
八時，巡視中山育樂中心。
八時十分，與陪同及侍衛人員合影於上年三月十二日手植之龍柏樹前。

八時十三分，在三友園內之涼亭休息飲茶。

八時五十七分，自尚義機場乘機返北。

九時四十七分，自松山基地返大直寓所。

下午

四時四十四分，在大直寓所見馬秘書長樹禮。

6月23日　星期日

下午

三時二十八分，在大直寓所見俞院長國華。

四時五十分，見沈秘書長昌煥。

七時五十九分，見宋主任楚瑜。

6月24日　星期一

上午

九時二十七分，至圓山飯店理髮。

十時十三分，在府見宋部長長志。

十時二十六分，見沈秘書長昌煥。

十時四十一分，見張副秘書長祖詒。

十一時十分，見汪秘書長道淵。

下午

四時，在府見黨務顧問高維翰。

四時〇八分，見經濟部國貿局蕭局長萬長。

四時二十四分，見中央日報姚社長朋。

四時三十四分，見中央海外工作會鄭主任心雄及鍾副主任榮吉。
四時四十七分，見慈湖蔣公陵寢土地捐贈人林明成先生。
四時五十九分，見空軍戚副總司令榮春。
五時十四分，見李副總統。

6 月 25 日　星期二

上午
九時四十分，在府見郝總長柏村。
九時五十五分，主持軍事會談。
十一時〇七分，見沈秘書長昌煥。

6 月 26 日　星期三

上午
八時三十分，在臺北賓館見馬秘書長樹禮。
九時，主持中常會。通過主席交議：
臺北市黨部副主任委員黃順德已調任中央文化工作會副主任，遺缺由林鈺祥充任。
中常會於會後特將總統於日前訪問馬祖、金門時，勉勵防區軍政幹部的講話，分送與會人員參閱。
十時二十一分，見宋部長長志。
十時三十五分，見臺省府邱主席創煥。

今日明令褒揚故國大代表、總統府資政黃季陸。

下午

三時五十五分，在中央黨部見秘書處蕭主任昌樂。

四時〇八分，見社會工作會許主任大路。

四時二十六分，見青年工作會高主任銘輝。

四時四十三分，見中視公司楚董事長崧秋。

對馬祖軍政幹部講話

我們多少年以來的努力，已有了很大的成果，不但保障了臺澎金馬，同時也推展了三民主義的建設，在各方面都有很多、很大的進步。

國軍對地方建設的貢獻很大，不僅顯示出我們軍民團結一體、軍民一家，這也是我們成功的重要因素。

以前到馬祖來，記得還是從山隴上岸的，當時是一片荒涼。記得是第二次或許是第三次來時，我們從山隴走路到馬祖澳，走的是狹窄的山路，走了一天才到。現在回想起當時的情形，同今天的情形相比，真有天壤之別。

記得那個時候，老百姓所吃的是田瓜，軍隊的生活也非常的苦。今天，都有很大的改善。

這一次來馬祖，使自己感覺到格外愉快和興奮的，就是能夠在福澳碼頭上岸。這是當時所想像不到的一個大成功。

我記得，八年以前來馬祖的時候，福澳的百姓，圍繞在我四周，要求做一個碼頭。後來，有一位老先生帶我去看，他說：「這裡可以做一個碼頭。」我當時還懷疑，如何能把這麼大的一座山削掉，做成功一個碼頭？

可是現在，我們做成功了。所以，我常常想到一句話，就是「事在人為，人定勝天」，我們要有所作為，要克服一切困難，要緊的，還是要靠我們的意志和決心。

我們今天保障臺、澎、金、馬復興基地，我們是在寫歷史。我們要從復興基地光復大陸，這似乎是不容易的事情，更有許多人認為，這是不可能的事情。但是，我們在過去，做了很多人家認為不可能的事情，而且都做成功了。北伐是如此，抗日是如此，今天反共復國，也是如此。因此，我們可以說，大家雖然很辛苦，但是大家所擔負的卻是時代的使命。

今天大家所作的努力是要有：

第一，時代性：我們將在這個時代，為中華民國寫下更輝煌的歷史。我們復興基地的全體同胞，要共同一致，為這個目標，努力奮鬥。

第二，戰鬥性：因為敵人就在我們前面，我們只有戰鬥才能生存，只有生存才有希望，所以，我們國軍官兵要充分發揮戰鬥的精神。

第三，建設性：我們不但要備戰，加強我們的戰力，而且我們要結合全民的力量，共同建設一個新的、自由的、富裕的、安定的復興基地。我想，在若干年以前，如果百姓們說，此地將來會有電燈、自來水，當時誰都不會相信，可是今天，我們全都做到了。

今天大家所擔負的是時代性、戰鬥性與建設性的任務，雖然艱鉅，但卻是神聖的、光榮的。我們相信，我們一定能夠完成這些任務。

有五年多沒有來馬祖了，這次來，看到此地的進步，真是覺得興奮，也使得我們感覺到國家前途的光明。

經國今天到馬祖來慰問大家，同時也祝福我們馬祖所有的軍民，健康、進步、成功。

謝謝大家。

對金門軍政幹部講話

在端午節前夕，經國特地來到金門，慰問防區全體軍民。

今天一下機，就到古寧頭戰史館參觀，令我想起當年，在古寧頭戰役最激烈的時候，奉領袖先總統蔣公的命令，來到金門古寧頭，了解戰役的情形。記得回到臺北的當天晚上，向領袖報告作戰的經過，以及一定能夠勝利的因素後，領袖說：「這一次古寧頭戰役，不但是保住了金門，也保住了馬祖，也就是保住了臺灣與澎湖。」這一次戰役的勝利，就是我們國民革命軍的歷史，轉敗為勝的開始。不但保住了金門、馬祖，也保住了臺灣和澎湖。只要臺、澎、金、馬在我們手裡，就一定能夠光復大陸。

當年，領袖巡視金門時，曾在太武山親題「毋忘在莒」四字，勗勉軍民同胞。這就是說，地方雖小，人口雖少，但是只要我們意志堅定，萬眾一心，朝著億萬中國人想走的，要走的道路，勇猛前進，最後一定能得到成功。

上星期，經國到馬祖訪問，今天又來到金門。金馬是復興基地的中流砥柱。在這兩個地區，親自看到大家的努力奮鬥，信心堅定；大家有朝氣、有勇氣。這不僅給經國個人，也給我們的政府，增添了更大的信心和決心。

我們大家要知道，共匪雖然在變，但是無論其如何的變，終究還是共產黨，共匪不僅愈變愈亂，而且可能又引起一場比文化大革命更殘酷、更瘋狂的大動亂。

對比之下，我們卻以堅定的信心，不斷求取進步。如擎天廳、料羅港、花崗石醫院，以及農漁業等各方面的建設，尤其是家家不僅都有電燈、自來水，而且也有電視機和電冰箱，這些都是當時所料想不到的。

由這些進步的成果中，我們得到了一個結論，就是任何事情，只要我們立定目標，下定決心，努力去做，一定可以成功。特別是金馬的國軍與民眾結合在一起，大家真可以說是「軍民一家，三軍一體」。這種精神及其所凝聚的力量，帶給我們每一個人信心與勇氣。信心，加上勇氣，則天下沒有做不成功的事情。

我們今天只有一個目的，那就是國父所指示的，要建立一個三民主義的中華民國；只有一個目標，那就是領袖所交付的，要我們貫徹反共復國的任務。為了這個目的，為了這個目標，我們一定要共同努力，共同奮鬥。我們有信心，也有決心，完成國父的遺教及領袖的遺訓，為中華民族的歷史寫下最光輝的一頁。

在此佳節前夕，讓我祝福我們金門全防區的軍民，端節快樂，身體健康。謝謝大家。

黃季陸褒揚令

黃季陸資性寬和，志節堅定，少日追隨國父，從事革命，抗戰期間，長四川大學，嗣贊中樞，三十餘載，歷經行政院政務委員、內政部長、考選部長、教育部長及國史館館長，洵有新猷，克昭令績。而其早歲即宣揚反共思想，尤徵遠識，方冀老成匡輔，遽聞溘逝，軫悼良深，應予明令褒揚，用表政府篤念勳賢之至意。

6月27日　星期四

下午

四時四十六分，在大直寓所見秦主任委員孝儀。

6月28日　星期五

上午

十一時，在大直寓所見汪秘書長道淵。

下午

三時五十五分，在府見沈秘書長昌煥。

四時，接見日本自民黨政調會會長藤尾正行。

四時四十三分，見沈秘書長昌煥。

四時五十五分，見聯合報王董事長惕吾。

五時二十四分，見張副秘書長祖詒。

6月29日　星期六

上午

九時五十三分，見交通部連部長戰。

十時二十分，見國科會陳主任委員履安。

十時五十三分，見戰略顧問劉安祺將軍並面賀其生日。

十一時二十分，見宋主任楚瑜。

十一時二十七分，見第一局馬副局長英九。

下午

三時，在大直寓所見俞院長國華。

6月30日　星期日

下午

二時五十四分，在大直寓所見沈秘書長昌煥。

四時二十八分，見馬秘書長樹禮。

五時二十五分，見秦主任委員孝儀。

7月1日　星期一

下午

三時〇三分，至圓山飯店理髮。

三時五十九分，在府見宋部長長志。

四時十一分，見汪秘書長道淵。

四時三十七分，見安全局汪局長敬煦。

五時，見沈秘書長昌煥。

五時二十八分，見空軍郭總司令汝霖。

7月2日　星期二

下午

三時三十五分，在府見郝總長柏村。

三時五十四分，見沈秘書長昌煥。

四時〇一分，接見美國聯邦眾議員訪華團懷賀德夫婦、馬里尼夫婦、劉易士及其未婚妻、巴里斯夫婦、包史克以及陸逸士夫婦等十一人。

四時二十七分，見沈秘書長昌煥。

四時三十四分，見郝總長柏村及新任國防部軍事情報局局長盧光義。

四時五十五分，見汪秘書長道淵。

五時〇九分，見沈秘書長昌煥。

五時三十二分，見張副秘書長祖詒。

行政院經濟革新委員會召集人辜振甫今天透露：他日前曾向總統反映企業界減稅的意願。總統十分重視這項意見，並對營利事業所得稅的降幅明確表示，可降至百分之二十。

7月3日　星期三

今天各報披露，法國「國際政治」季刊於本月一日刊出其發行人兼社長魏斯曼對中華民國蔣總統經國的一篇訪問。這是中華民國元首首度接受這份權威性刊物以書面方式進行的訪問。總統在答問中正告世人，唯有在三民主義下統一的中國，才能造福自由世界，才能與自由世界共存共榮。

故監察委員王爵榮追悼會，今日上午在臺北市善導寺舉行，總統特頒「忠藎垂型」輓額，以示悼念。

上午

八時二十九分，在臺北賓館見馬秘書長樹禮。

九時主持中常會，於聽取經濟部工業局長徐國安的業務報告後，特別指示，為求國家經濟發展，改良與提升產品品質，實為當務之急。希望國人抱持信心，團結力量，突破經濟難關，開創新的局面。此外，在會中指出，國民中、小學教師免納所得稅，是政府既定的政策，目前不宜考慮作任何改變。

九時五十二分，見臺北市許市長水德。

十時〇四分，見高雄市蘇市長南成，曾以「公正廉明、除暴安良、膽大心細」十二字，勉其為市民謀福祉，為高雄市建立新形象。

下午

四時二十五分，在大直寓所見秦主任委員孝儀。

五時二十五分，見宋主任楚瑜。

法國「國際政治」季刊書面問答

一、

問：由統計數字顯示：中華民國已能承受和克服危機衝擊，國內生產及與其他國家間經貿交流均能持續增長。雖然如此，中華民國在外交上仍被孤立。閣下是否認為貴國在經濟方面的成就將助長政治影響力？貴國的成就是否會導致中共為了避免與貴國比較相形見絀而試圖以武力進犯貴國政府臨時所在地——臺灣？

答：是的。中華民國三十多年來的政治民主、經濟繁榮、與社會安定，和中國大陸在共產制度下的貧窮落後成了顯明的對比，使大陸同胞對我們產生了強烈的向心力，也使自由世界的多數國家逐漸認識中華民國的各項進步，而紛紛與我建立多方面的實質關係，所以事實上我們在國際間並不孤立。當然這些成就也更升高了中共武力犯臺的野心，因此，在國防方面我們正努力希望能獲得必要的防衛武器與設備，以維持臺海地區之安定與繁榮與西太平洋的和平。

二、

問：歐洲人開始瞭解太平洋在自由世界與共產帝國主義間全球性衝突中所佔之決定性重要地位。請問閣下對亞洲、東南亞、及太平洋的未來看法如何？並請提供具體的例證及建議。

答：一九五〇年代以來、亞太地區兩度成為自由世界與共產集團大規模衝突的戰場，對全球戰略形勢有深遠的影響。亞太地區在世局中的關鍵地位，也自然獲得普遍肯定。因此，要謀求此地區的和平與安定，亞洲民主國家必須聯合自由世界其他國家，從共同促進並確保該地區的經濟繁榮、社會安定及政治民主來著手，以遏阻及殲滅共黨勢力。另一方面，亞太國家經濟文化關係日益密切。近年來，環太平洋自由國家的人士，積極地在推動太平洋合作共同體的實現。我們完全支持此項努力，並望其早日實現。

三、

問：閣下對中共情勢判斷如何？根據閣下看法，目前鄧小平當權派之前途如何？

答：觀察中共情勢，必須掌握其本質，才不致受外在現象所迷惑。中共政權的本質就是不斷鬥爭。過去如此，將來也不會變。而鬥爭必然帶來動亂，使億萬人民三十多年來飽受迫害摧殘。因之，在中共徹底放棄共產主義，建立自由民主制度以前，何人當權並非關鍵所在。目前中共四千萬黨員中，幾乎有一半是在「文革」時期入黨的，他們一直暗中抵制鄧小平的政策，在中共黨、政、軍中不斷引發新的鬥爭。而大陸人民早就厭棄共產主義，近年更經常以行動反抗暴政、投奔自由及要求民主改革，迫使鄧小平又藉口「反精神汙染」及「打擊犯罪」來加緊控制。總之，只要共產制度存在一天，大陸的權力鬥爭及動亂就永無休止。

四、

問：部份西方觀察家相信中共正逐漸走向以資本主義取代集體主義，鄧小平已對外商開放門戶和提出「一個國家，兩種經濟制度」的口號，由於宣傳得當，這個想法已獲西方國家甚至包括一些反共國家之共鳴，閣下認為如何？

答：我們對共產黨人的所謂「改革」都不存任何幻想，我們不相信它有成功的可能。蘇聯及東歐國家過去曾推動一些改革，但並未產生社會體制的實質改變。中共宣傳其改革的真正動機，是在暫時麻醉受其控制的人民並騙取自由世界的資金與科技。

五、

問：貴國將在何種原則下和北平進行談判？

答：我們奮鬥的目標是要以三民主義的理想建立一個自由、民主、繁榮的中國，這與極權、奴役、貧困的中共統治是絕不相容的。因此我們絕不會和中共妥協進行談判，我們也從不放鬆自己的努力，而且有信心應付任何的挑戰。我們希望自由世界能了解到我們正在為維護人類尊嚴與自由而奮鬥，惟有在三民主義下統一的中國才是可以為自由世界造福的，也才是可以與自由世界共存共榮的。所以希望自由世界支持我們在這方面的努力。

六、

問：中華民國政府對北平所提「統一」建議一直視為騙局而予以拒絕。貴國立場乃基於一項事實：即中華民國承繼孫中山先生所創之共和體制，而中共是叛亂集團。請問此一說法是否現實？是否會助長在臺已有人主張之「兩個中國」論點？

答：孫中山先生創建中華民國之目的在實現三民主義，以建設一個民有、民治、民享的中國。此項理想，在中華民國臺澎金馬的實踐成果，業已獲得極高的成就與肯定。相反的，中共極權暴力統治下的中國大陸，三十餘年來，充滿了鬥爭與屠殺、貧窮與災難。在此兩種迥然不同的制度與現實情況下，中共提出「統一」的建議，其真正目的乃在去除中華民國因一切比它優越而對它所構成的威脅。吾人認為，只有在中國大陸徹底剷除共產奴役制度並且實行孫中山先生的三民主義，才是符合中國人願望的統一。我們奮鬥的終極目的就在使中國統一在自由、民主、均富的基礎上，絕無所謂「兩個中國」的說法。

七、

問：前次奧林匹克運動會及國際性比賽中，貴國接受不以正式國名而以指定名字參加。此舉是否含有「兩個中國」的意思？

答：我們參加奧運會比賽的命名問題，依據國際奧運會章，純係民間團體之競賽，與政府間的活動迥然不同，並不顯示含有兩個中國的意思。

八、

問：北平盡量表露一副溫和的態度，在和西方國家關係「正常化」之後，又掉頭討好莫斯科，請問中共是否會放棄軍事擴張及馬克斯主義？

答：中共一再聲稱為了「社會主義現代化建設」，需要一個有利於它的國際環境，因此在行動上，它一方面利用美國抵制蘇俄，一方面利用蘇俄要脅美國，同時還要爭取第三世界國家進行共同反霸。實際上，中共與西方國家改善關係之目的主要是藉「四化」的幌子，來騙取所需的資金與科技，以繼續其極權統治。本人認為基於中共一貫強調「四個堅持」的原則（註：堅持：1、無產階級專政，2、共產黨領導，3、馬列主義毛澤東思想，4、社會主義路線。）無論以何種偽裝的姿態出現，絕不會改變其共產主義的本質。亦不會放棄馬列主義赤化世界的最終目標。從最近中共對馬克斯主義適用性的爭論，就可以看出中共是不會改變其馬克斯主義路線的。

九、

問：中共三十五年來未放鬆的警察恐怖統治手段，是否足以鎮壓大陸人民因感受外國模式與之比較所引起的不滿？請問閣下對二〇〇〇年的中國大陸看法又如何？

答：近年中共雖然表現了小小的對外開放政策，已使大陸人民對自由世界的認識愈來愈多，從而對中共的暴政壓迫亦更形不滿。但如果中共仍然繼續其極權恐怖統治，勢必引起大陸人民的強烈反抗而促成其政權的崩潰。因之，今天中共正面臨著開放與封閉的兩難困局，開放則人民對自由民主的要求勢必日益強烈，迫使中共放棄共產主義；封閉則不僅人民更加貧窮落後，其所賴以掙扎圖存的「四化」亦將永無實現可能。所以，我們相信中共暴政不可能延續得太久。

十、

問：莫斯科與北平復合之遠景似曾引起白宮躭憂，同時亦影響到歐洲各國對中共的態度。閣下從未相信中、蘇共間之永久不睦。請問閣下對中、蘇共兩共黨國家間關係之進展看法如何？

答：本人從未相信中、蘇共間之永久不睦，乃因二者意識形態相同，赤化世界之最終目標一致。中、蘇兩共政權的分與合取決於其彼此間平行利益的階段需要，不會受自由世界外力影響。自由世界幻想聯中共制蘇俄，不僅無益，反而有害。

十一、

問：閣下對目前貴國與華盛頓的關係是否滿意？美國是否依照協定，銷售武器予中華民國？

答：過去數年來中美雙方的關係日漸改善，無論經貿、科技、文化交流等項目，均能在「臺灣關係法」的架構上持續穩定發展。美國對我軍售亦在繼續辦理中，上年美國民主、共和兩黨大會中所通過的黨綱均確認美國應恪遵「臺灣關係法」，以推動中美合作關係。雷根政府確曾多次保證將履行對華承諾，此不僅係基於渠個人對中華民國政府及人民之長期友誼，也是基於美國民眾的一項共識——他們知道臺灣在西太平洋地區的政治及戰略地位甚為重要。因此美國遵守對我國之承諾，是符合美國本身利益之一項外交政策。相信即使美國新一代的政治人士也都了解到這一點，將會繼續和中華民國發展友好密切的關係。

十二、

問：倫敦與北平雙方已對香港問題達成協議，請問貴國將採何種可以避免造成人口及經濟飽和的負擔來接納他們？

答：我們對於香港五百多萬中國同胞的福祉，一向寄予最大的關切，也願意提供最大的支援。因之香港的中國居民，凡是不願接受中共的統治，而願來到中華民國復興基地加入反共行列的，我們都很歡迎。

十三、

問：閣下去年三月當選連任為期六年的中華民國總統。李副總統登輝先生係臺灣本地人，現在他的職位如此之高，由此看來，是否要將成員大部份來自大陸的國民黨領導階層逐漸「臺灣化」？新一代的權力逐漸增長，是否顯示「兩個中國」政策的滋長？

答：我們對於政治人才的選拔與推舉，考慮的是他的才識和品德，以及他是否得到人民支持，同時臺灣本地人事實上也都是中國人，所以根本無所謂「臺灣化」問題。今天，在臺灣的中華民國所實施的是自由民主的三民主義制度，而中國大陸所推行的是極權暴虐的共產制度。海峽兩岸全體中國人，包括臺端所提到的新一代，均一致盼望中國統一在一個自由民主的體制下。此項中國人的信念本人深信不疑。

十四、

問：中華民國穩固的制度、高度的容忍性、以及自由、社會安定與經濟諸方面之成就，已為貴國之友人乃至敵人所一致承認，此非阿諛之詞，貴國一九八四年全國生產毛額成長率竟達百分之十可為證明。閣下是否相信貴國仍能長期維持這種特殊的成長率？

答：在第一次石油危機發生前的十五年間（一九五八—七三），我國經濟快速成長，實質國民生產毛額年平均成長率約達百分之十。但最近十一年來，由於歷經兩次石油危機，世界經濟情勢變動不居，我國經濟也呈現較大幅度的起伏波動，惟平均成長率仍高達百分之七點六，遠較其他多數國家情況為佳。去年我國經濟成長率再度超過百分之十，主要乃是美國經濟大幅成長，帶動我國出口之快速增加，與國內需求之強勁擴張所致。根據一般預測，我國出口雖難再保持以往快速擴張趨勢，但仍將持續成長；加以目前我國正積極推動十四項重要建設，預期透過公共投資之擴大，將可刺激國內需求擴張，繼續促進經濟穩定成長。因此，一九八五年我國的經濟成長目標訂為百分之八點五；而預期至二〇〇〇年止，我國平均年經濟成長率可望在百分之六至百分之七之間。

十五、

問：貴國對外貿易有危險偏差，中、日貿易有極大逆差，但貴國以對美貿易順差加以彌補，請問閣下如何平衡此一困境？

答：我國對美出超及對日入超的原因很多，以往我國工業原料及資本設備主要向日本採購，因為日本產品的競爭能力較強，而且日本廠商相當重視我國市場，因而成為我國資本設備及工業原料的主要來源；另一方面則因為美國的市場較為開放，我國產品亦頗能迎合美國市場需要，致使我國產品輸美占總出口比重連年保持第一。

多年來，平衡中美貿易及中日貿易差額一直是我國政府努力的目標之一。我國所秉持的原則是一方面促進貿易自由化，增加自美進口；另方面促使日本減少進口管制或非關稅貿易障礙，以增加對日出口。在促進對日出口方面，去年已有相當成就，出口增加率遠超過進口之增加率，逆差金額雖略有擴大，但占我國貿易總額比率已顯著降低。在增加自美進口方面，我國亦作了很大的努力，如九次派遣採購團赴美採購美產品達七十餘億美元，透過貿易談判減讓一百一十餘項進口關稅，以及主動幫助美國設立臺北美國貿易中心，並舉辦多次美國產品展覽會以便利美國業者在臺促銷等。今後我們將繼續本諸平等互惠原則，要求美國與我國攜手合作，共同努力改善中美貿易不平衡問題。

十六、

問：中、法經貿關係較前更具成果，在兩國互惠原則下，請問可由那一方面繼續發展？

答：我們與法國的經貿關係近年來確實有很大的進展。十年前（一九七四年）中法雙邊貿易只有三千六百八十餘萬美元，一九八二年達到五億六千三百七十餘萬美元，法國遂成為我與歐洲共同市場主要貿易伙伴之一，但一九八三年及一九八四年雙邊貿易額未能大幅成長，反分別降低百分之一及百分之十九，值得中法雙方予以重視並應加倍努力。

法國是一個工業發達、科技先進的國家，而我國之工業發展正在轉型階段，同時具備優良的投資環境，已經引起法國企業界之重視，近年來他們曾多次在臺舉辦科技以及捷運系統等同性質之推廣活動，相信在這方面的合作，應是中法經貿關係繼續加強的最佳途徑。

十七、

問：歐洲共同市場並非貴國經濟重點，貴國有無改變進出口政策俾使歐洲成為最好的貿易伙伴之一的計畫？貴國需要何類產品？貴國可以提供些什麼與歐洲交易？

答：我國對外經貿關係之發展係以均衡為其目標，目前貿易對美、日兩國過於集中應非常態，我們絕不會輕視與歐市之經貿發展，相反的我們為了加強與歐市國家的經貿關係，特於一九七五年成立中歐貿易促進會（EURO-ASIA TRADE ORGANIZATION），以一個民間組織之型態積極拓展對歐關係，目前已有十一個西歐國家在臺北設有半官方之經貿代表機構，值得雙方欣慰。同時我們認為國際貿易是基於互惠原則，在我們對歐貿易連年順差的情形下，我們曾先後於一九八一及一九八四年主動為西歐國家之產品在臺北舉辦兩次「歐洲產品展覽會」，以協助歐洲產品拓銷我國市場，同時我們的進口政策以及關稅等均在積極朝向自由化目標前進，相信這對歐洲產品輸銷我國有很大助益。另一方面，本人認為由於我國工業不斷進步，我們的電子、機械、紡織、家電等產品也會在品質優良、價格合理的有利條件下，廣受歐洲國家的消費大眾歡迎，中、歐貿易的前景是極為樂觀的。

7月4日　星期四

下午

四時三十六分，在大直寓所見俞院長國華。

五時三十二分，見汪秘書長道淵。

7月5日　星期五

下午

三時五十分，至榮民總醫院探望孫資政運璿。

四時三十七分，在府見沈秘書長昌煥。

五時十二分，見汪秘書長道淵。

五時二十五分，見宋部長長志。

7月6日　星期六

上午

十時三十三分，在府見沈秘書長昌煥。

十一時〇七分，見張副秘書長祖詒。

下午

三時二十九分，在大直寓所見俞院長國華。

五時三十分，見郝總長柏村。

7月7日　星期日

下午

三時二十七分，在大直寓所見馬秘書長樹禮。

五時十一分，見秦主任委員孝儀。

六時二十一分，見馬秘書長樹禮。

7月8日　星期一

下午

三時十七分，至圓山飯店理髮。

四時二十分，在府見警備陳總司令守山。
四時四十九分，見總政治作戰部許主任歷農。
五時〇五分，見馬參軍長安瀾。
五時十三分，見沈秘書長昌煥。
五時四十分，見教育部李部長煥。

7月9日　星期二

上午

十時，在府主持軍事會談。
十時五十四分，見俞院長國華。
十一時十四分，見宋部長長志。

7月10日　星期三

上午

八時三十五分，在臺北賓館見馬秘書長樹禮。
八時五十五分，見臺灣省黨部關主任委員中。
九時，主持中常會，通過主席交議中央文工會副主任明驥已調任中央日報常駐監察人，遺缺以朱宗軻充任。
十時十一分，見馬秘書長樹禮。

下午

三時二十五分，在大直寓所見汪秘書長道淵。
五時三十分，見馬秘書長樹禮。
七時五十六分，見宋主任楚瑜。

7 月 11 日　星期四

下午

三時三十四分，在府見李副總統。

四時〇五分，見沈秘書長昌煥。

四時二十九分，見郝總長柏村。

四時四十二分，見駐美國防採購組副組長夏龍。

四時五十分，見張副秘書長祖詒。

五時十五分，見宋部長長志。

7 月 12 日　星期五

下午

三時五十五分，在府見馬秘書長樹禮。

四時十四分，見沈秘書長昌煥。

四時四十四分，見張副秘書長祖詒。

五時〇五分，見汪秘書長道淵。

7 月 13 日　星期六

下午

三時二十八分，在大直寓所見俞院長國華。

五時十七分，見馬秘書長樹禮。

七時五十七分，見郝總長柏村。

7 月 14 日　星期日

美國總統雷根於十二、十三日施行兩次大腸手術治療。

總統特於今日去電慰問，並祝其早日康復。

下午

三時二十九分，在大直寓所見沈秘書長昌煥。

五時二十六分，見聯勤溫總司令哈熊。

7月15日　星期一

【無記載】

7月16日　星期二

上午

八時三十四分，至圓山飯店理髮。

九時二十四分，在府見沈秘書長昌煥。

九時四十五分，見倪院長文亞。

十時二十三分，見張副秘書長祖詒。

下午

三時五十一分，在大直寓所見汪秘書長道淵。

7月17日　星期三

上午

八時三十分，在臺北賓館見馬秘書長樹禮。

九時，主持中常會。通過決議文，對立法委員同志在七十五會期內發揮高度議事功能所作之貢獻表示嘉獎。主席並且強調，一切立法案件，應以國家利益、民眾福祉為依歸，才能提高立法效率，提升立法品質。此外，主席還勗勉大家，要以發自內心的勤儉，推動國家建設。今天我們處在非常時期，擺架子講場面，是很危險的事。會中並通過審查今年地方公職人員選舉黨內提名候選人之六人小組，其成員為嚴家淦、李登輝、俞國華、沈昌煥、黃尊秋、邱創煥。

十時三十分，見馬秘書長樹禮及中央政策會趙秘書長自齊。之後，分別約見大陸工作會白主任萬祥及馬副秘書長英九。

下午

三時五十八分，在府見汪秘書長道淵。

四時〇八分，見張副秘書長祖詒。

四時三十分，見輔導會鄭主任委員為元。

五時十二分，見宋部長長志。

五時三十分，見郝總長柏村。

7月18日　星期四

下午

五時十九分，在大直寓所見秦主任委員孝儀。

7月19日　星期五

國防部今天宣布：一項完全由國人自行研製命名為「天弓」的防空飛彈，已於日前在臺灣北部某試驗基地試射成功。總統對該部科技人員的研究努力成果，曾囑參謀總長郝柏村代為轉達嘉勉之意。

下午

四時二十七分，在大直寓所見沈秘書長昌煥。

七時五十八分，見宋主任楚瑜。

7 月 20 日　星期六

下午

三時二十八分，在大直寓所見俞院長國華。

四時五十三分，見馬秘書長樹禮。

7 月 21 日　星期日

下午

七時五十六分，在大直寓所見郝總長柏村。

7 月 22 日　星期一

七十四年國家建設研究會今日上午在環亞飯店國際廳舉行開幕式，總統特頒書面致詞，期勉與會的學者專家，深入研討，坦誠建言，共同為拓展國家建設、增進全民福祉而努力。政府必將虛心就教，力圖革新。頒詞由總統秘書長沈昌煥代為宣讀。

上午

七時五十六分，至圓山飯店理髮。

八時五十二分，在府見李副總統。

九時二十九分，見汪局長敬煦。

九時四十八分，見沈秘書長昌煥。

十時十七分，見汪秘書長道淵。

下午

三時〇五分，在府見張副秘書長祖詒。

三時四十六分，見沈秘書長昌煥。

三時五十八分，接見美國漫畫家勞瑞暨其女公子達芬。

四時三十分，見新任駐史瓦濟蘭王國大使王飛。

四時三十五分，見沈秘書長昌煥。

國家建設研究會書面致詞

中華民國七十四年國家建設研究會今天揭幕，各位學者、專家踴躍參加，為國家建設貢獻心力，愛國熱忱，良用欽佩，經國特申誠摯的敬意與謝意。

國家建設研究會的意義，在於結合國內外學者專家的學識、經驗與智慧，以建立共識，擴大參與，加強團結，共同為拓展國家建設，增進全民福祉而努力。歷年的國建會提供了國內外學人學術報國的機會，國家的大政方針，因為融匯了學者專家的卓識高見，而更為周延正確。國建會的價值及成就，已為全國上下所肯定。

民國七十年代是我們邁向開發國家行列的年代，政府為了達成這個目標，正在執行十四項重要建設計畫，預定要在六年之內辦理或完成，以期在原有的基礎上更求精進。環繞這些計畫，預料將面臨若干理論或實務性的、政策或技術性的問題和困難，有待設法解決。

期望各位以精湛的學識和豐富的經驗，來協助政府積極推動，踏上國家現代化的大道！

實行三民主義、光復大陸國土，是我們這一代中國人的責任。政府受全體國民之付託，一心一德，奮勇邁進。尚望國建會出席諸君深入的研討，坦誠的建言，政府必將虛懷就教，力圖革新。深信只要海內海外加強團結，學理實務密切結合，我們一定能夠加速完成以三民主義統一中國的使命。敬祝大家健康愉快，會議順利成功！

7月23日　星期二

上午

九時四十分，在府見郝總長柏村。

九時四十六分，約見甫獲我國國防部頒授陸軍砲兵中尉官階之陳勁甫，對彼以第一名成績畢業於美國維吉尼亞軍校之優異表現，表示嘉許；同時勉其繼續充實自己，以備將來為國家做更大服務。其父母陳平彬夫婦亦陪同晉見。

九時五十四分，見郝總長柏村。

十時，主持軍事會談。

十一時〇七分，見俞院長國華。

7月24日　星期三

上午

八時二十七分，在臺北賓館見馬秘書長樹禮。

九時，主持中常會。

十時十八分，見馬秘書長樹禮。

下午

七時五十五分，在大直寓所見馬秘書長樹禮。

7月25日至26日　星期四至五

【無記載】

7月27日　星期六

上午

九時五十五分，在府見李副總統。

十時四十三分，見沈秘書長昌煥。

下午

三時二十九分，在大直寓所見俞院長國華。

五時二十分，見宋主任楚瑜。

七時五十五分，見馬秘書長樹禮。

7月28日　星期日

下午

二時五十八分，在大直寓所見沈秘書長昌煥。

四時三十二分，見馬秘書長樹禮。

五時三十九分，見秦主任委員孝儀。

7月29日　星期一

下午

二時四十三分，至圓山飯店理髮。

三時三十八分，在府見李副總統。

四時，接見史瓦濟蘭王國總理貝金璧夫婦暨隨員等五人。

四時十八分，見駐馬拉威大使馮燿曾。

四時三十一分，見中央黨部馬秘書長樹禮及組織工作會宋主任時選。

五時十三分，見汪秘書長道淵。
五時二十三分，見宋部長長志。

7月30日　星期二

下午

四時〇一分，在府見吳侍衛長東明。
四時十五分，見本府第二局局長孟憲庭（即將離職）。
四時三十分，見本府第一局局長劉垕（訪歐返國）。
四時四十七分，見沈秘書長昌煥。
五時二十一分，見張副秘書長祖詒。

7月31日　星期三

上午

八時二十七分，在臺北賓館見馬秘書長樹禮。
九時，主持中常會，在通過本年地方選舉執政黨參選同志提名名單後，特發表談話，勉勵全體參選同志，應誠心耕耘，造福桑梓，為促進地方自治的進步與成功而努力。同時慰勉未獲提名的同志，要共體時艱，發揮個人專長，繼續在不同的崗位上，為黨國盡心盡力。
十時二十分，見嚴常委家淦。
十時三十三分，見馬秘書長樹禮。

中常會談話

中國國民黨中央常會今天通過本年地方選舉本黨參選同志提名名單，完成了本黨遴選臺灣省第八屆省議員、第十屆縣市長、臺北市第五屆市議員及高雄市第二屆市議員候選人的提名作業，為我們參與地方自治工作又跨出了一步。

這次本黨參與提名登記的同志非常踴躍，多達五百四十九人，他們都是本黨的碩傑之士，具有為本黨盡責，為國家奉獻，為社會服務的高度熱忱，但因提名名額有限，未能成全每一位同志的意願，頗有遺珠之憾。希望這些同志共體時艱，發揮個人的專才，繼續在不同的崗位上，為黨國盡心盡力。

獲得提名，當然是一項榮譽，但也是一項責任和使命，因此，經國希望被提名參選的同志，今後應本著本黨一貫「以國家利益為前提，以民眾福祉為優先」的要求，腳踏實地，誠心耕耘，奮鬥不懈，造福桑梓。同時，每一位被提名候選人，更應針對基層的需要，結合當地民眾的願望，訂定努力的目標，來徹底實踐本黨「永遠和民眾在一起」的承諾。

尤其是面對國家十四項建設即將大力開展的時候，如何配合這些建設，使各項地方建設充分落實在民眾的生活之中，以創造地方的繁榮、進步，促進地方的和諧、團結，也將是每一位參選同志責無旁貸的使命。

本黨是一個革命民主政黨，因此，此次參選的同志，一定要以身作則，嚴格遵守選罷法的各項規定，並勵行節約，倡導風氣，在選民心目中建立新形象，創立新風格，以光明磊落的態度，與其他候選人作公平、公正的競爭，為國家實施民主憲政開拓新的境界。

當前國家仍處於非常時期，然而不管任何艱難險阻，也不論任何橫逆挫折，本黨為建設一個民有、民治、民享國家的理想而奮鬥的決心與信心，絕不動搖。因此，深望我全體同志，堅定意志，在此次地方選舉中，共同為促進地方自治的進步、再進步，成功、再成功而努力。

8月1日　星期四

下午

四時二十一分，在府見本府第一局馬副局長英九。

四時四十六分，見郝總長柏村。

五時十分，見李副總統。

五時三十四分，見沈秘書長昌煥。

五時五十四分，見張副秘書長祖詒。

8月2日　星期五

下午

三時三十二分，在府見宋部長長志。

三時五十二分，見沈秘書長昌煥。

三時五十六分，接見本年國家建設研究會總領隊劉德勇及副總領隊孫震。除嘉勉國建會學者專家們貢獻智慧與經驗外，並且指出，國家是我們大家的國家，要大家共同來建設，也唯有結合大家的力量與智能，協同努力，才能使國家的建設，更堅實，更進步。

8月3日　星期六

下午

三時二十九分，在大直寓所見俞院長國華。

四時五十六分，見馬秘書長樹禮。

8月4日　星期日

旅美蒙胞各社團組織聯合反共大會，今在新澤西州夫里荷爾市舉行。總統特頒書面致詞，祝賀大會成功，並勉勵旅美蒙胞，為反共大業克盡更大的責任。

下午

三時二十九分，在大直寓所見沈秘書長昌煥。

五時四十九分，見郝總長柏村。

八時，見宋主任楚瑜。

旅美蒙胞各社團組織聯合反共大會書面致詞

旅美蒙胞各社團組織聯合反共大會全體代表公鑒：

旅美蒙胞各社團組織在美國新澤西州舉行聯合反共大會，經國首先要對我全體蒙胞，多年來秉持民族志節，為擁護反攻大業所做的努力，表示由衷的佩慰。

中華民國基於三民主義的理想，自立國以來，無時不為國家自由、民族平等與民生富足而艱苦奮鬥。我們的目標從無改變，我們的信心，也絕無動搖。古人說：「多難興邦」。相信在海內外全體同胞的一致支持下，我們必能通過時代的考驗，完成歷史所交付的任務。

反共是所有自由人士的共同事業。在此民主對極權、正義對邪惡的決勝關頭，中共正在加強其統戰伎倆企圖分化自由陣營之時，我旅美蒙胞各社團適時舉行聯合反共大會，以實際的行動參加三民主義統一中國的行列，意義至為重大。今後尚希益加奮勉，強化本身力量，並與海內外同志同胞密切團結聯繫，期為反共大業克盡更大的責任。特此致賀，並祝大會圓滿成功，各位健康快樂。

8月5日　星期一

下午

二時三十四分，至圓山飯店理髮。

三時四十二分起，在府分別見汪秘書長道淵、李部長煥、汪局長敬煦、張副秘書長祖詒、吳侍衛長東明、宋部長長志。

8月6日　星期二

上午

九時二十四分，在府見沈秘書長昌煥。

九時三十二分，接見華裔太空科學家王贛駿博士，勉其繼續努力，在太空科學領域中，創造更輝煌的成就。

九時四十五分，見沈秘書長昌煥。

十時，主持軍事會談。

8月7日　星期三

上午

八時三十二分，在臺北賓館見馬秘書長樹禮。

八時五十分，見臺灣省政府邱主席創煥。

九時，主持中常會。

十時三十分，見沈秘書長昌煥。

8月8日　星期四

【無記載】

8月9日　星期五

下午

三時三十七分，在府見郝總長柏村。

四時，接見美國聯邦眾議員柏頓、韓森夫婦、羅瀾夫婦、布拉茲夫婦等七人。曾向他們指出，尋求與美國經貿關係的發展，為我努力開拓對外關係的重要工作之一。

四時三十七分，見郝總長柏村。

五時十四分，見宋部長長志。

五時三十三分，見汪秘書長道淵。

8月10日　星期六

下午

三時三十四分，在大直寓所見俞院長國華。

五時二十七分，見馬秘書長樹禮。

七時五十八分，見宋主任楚瑜。

8月11日　星期日

下午

三時二十五分，在大直寓所見沈秘書長昌煥。

五時二十九分，見俞院長國華。

七時四十九分，見汪秘書長道淵。

8月12日　星期一

下午

二時五十一分，至圓山飯店理髮。

三時四十七分，在府見李副總統。

四時十一分，見新任本府第二局局長龍元偉。

四時二十四分，見沈秘書長昌煥。

四時五十一分，見郝總長柏村。

五時十二分，見許主任歷農。

晚

七時五十四分，在大直寓所見秦主任委員孝儀。

8月13日　星期二

總統日前約見華裔太空科學家王贛駿博士時，對王贛駿忠愛國家之心，甚為稱許，特題「飲水思源」四字，於今日頒贈王博士留念。另併贈以臺灣省特產名茶二盒，供其品嘗。此外，總統獲悉王贛駿之母俞潔虹女士，曾是當年在江西幹校的學生，亦致贈以中華民國建國七十年紀念金幣一套，託由王博士轉達。

8月14日　星期三

上午

八時三十七分，在臺北賓館見馬秘書長樹禮。

九時，主持中常會。

十時〇三分，分別見司法院黃院長少谷、黨史會秦主任委員孝儀、馬秘書長樹禮。

下午

四時十六分，在大直寓所見汪秘書長道淵。

八時，見宋主任楚瑜。

今日各報披露：總統最近明令褒揚今年四月心臟病去世之中央研究院士傅京孫，以表揚其推動國內高級科技研究發展之貢獻。

傅京孫褒揚令

中央研究院院士傅京孫，治學有成，著述宏富，尤於資訊科學，創立圖形識別，蜚聲寰宇，為國之光。近年復為推動國內高級科技研究發展，籌設中央研究院資訊科學研究所及國立交通大學電子資訊中心，盡智竭慮，貢獻殊偉。方冀長才，有裨國用，遽聞因病瘁逝，良深悼惜，應予明令褒揚，以彰碩學，而表堅貞。

8月15日　星期四

下午

三時〇七分，在府見張副秘書長祖詒。

四時〇五分，見汪秘書長道淵。

四時十四分，見宋部長長志。

四時二十六分，見教育部李部長煥。

五時〇五分，見警備陳總司令守山。

8月16日　星期五

下午

三時四十分，在府見馬副局長英九。

三時五十五分，接見美國時代雜誌駐香港分社主任波頓及駐華記者沙蕩。

四時四十分，見前駐玻利維亞大使吳祖禹。

四時五十八分，見馬秘書長樹禮。

五時十八分，見張副秘書長祖詒。

8月17日　星期六

下午

三時〇七分，在大直寓所見俞院長國華。

五時二十七分，見汪秘書長道淵。

8月18日　星期日

下午

三時二十五分，在大直寓所見郝總長柏村。

四時三十七分，見馬秘書長樹禮。

8月19日　星期一

今日致電中華美和青少棒隊，祝賀這支球隊獲得世界青少棒的冠軍。

下午

三時二十四分，至圓山飯店理髮。

三時五十二分，在府見宋部長長志。

四時三十三分，見張副秘書長祖詒。

五時十二分，見汪秘書長道淵。

致中華美和青少棒隊賀電

北美事務協調委員會駐芝加哥辦事處轉中華美和青少棒隊全體隊職員：

你們的努力奮戰，獲得光榮的勝利，表現了勇毅進取的精神，至感欣慰，特電致賀。

8月20日　星期二

上午

九時四十七分，在府主持軍事會談。

十時五十七分，見俞院長國華。

十一時十四分，見沈秘書長昌煥。

下午

五時四十二分，在大直寓所見秦主任委員孝儀。

8月21日　星期三

上午

八時三十七分，在臺北賓館見馬秘書長樹禮。

八時五十二分，見汪秘書長道淵。

九時，主持中常會，內定由中央銀行副總裁錢純，出任行政院政務委員兼財政部部長，並由臺北市銀行董事長何顯重出任財政部政務次長。同時，核准行政院政務委員兼財政部長陸潤康請辭，財政部政務次長李洪鰲，另有任用，予以免職。

下午

三時五十一分，在府見沈秘書長昌煥。

四時〇一分，接見美國聯邦參議員訪華團，包括參議院多數黨領袖杜爾，參議員竇米尼奇夫婦、麥克魯夫婦、莫乃漢夫婦、柯恩夫婦、威爾遜夫婦、艾萬斯夫婦，參議院秘書長柯裘女士及參議院秘書處處長葛林等人。

今日明令特任錢純為財政部部長，並為行政院政務委員。

8 月 22 日　星期四

今日明令任命何顯重為財政部政務次長。

下午

三時五十一分，在府見駐韓大使薛毓麒。

四時〇八分，見亞東關係協會駐日代表毛松年。

四時三十分，見沈秘書長昌煥。

8 月 23 日　星期五

總統關切尼爾森颱風的過境，今天上午及夜晚曾兩度打電話給臺北市長許水德，詢問災情，並指示儘快做好清理復舊工作，同時對所有防颱防災警勤人員之辛勞，表示慰問。今日晚間並打電話給臺灣省政府主席邱創煥，垂詢颱風對北部縣市所造成之災害，並指示復舊工作要加速進行。

8月24日　星期六

下午

三時三十分，在大直寓所見俞院長國華。

五時二十七分，見馬秘書長樹禮。

8月25日　星期日

下午

三時二十六分，在大直寓所見沈秘書長昌煥。

七時五十九分，見郝總長柏村。

8月26日　星期一

今日各報披露總統日前接受美國時代雜誌香港分社主任仙杜拉·波頓時答復其所提六個問題之全文。

上午

八時五十七分，至圓山飯店理髮。

九時四十四分，在府見沈秘書長昌煥。

九時五十五分，接見美國聯邦眾議員坎普夫婦。

十時五十分，見李副總統。

下午

五時三十三分，在大直寓所見汪秘書長道淵。

美國時代雜誌香港分社主任仙杜拉·波頓問答

一、

問：關於總統職位繼承問題：許多輿論界領袖相信閣

下之支持者，甚至閣下本人，願見將來國家元首一職，仍有蔣家人士繼任，是否如此？或者繼承是一個全無定論的問題？選擇繼承人的標準如何？

答：我國是民主憲政國家，自民國三十六年行憲以來，中華民國總統、副總統一直依據憲法及總統副總統選舉罷免法之規定，由國民大會選舉產生，今後亦當如此，所以總統職位之繼承，並無任何問題存在。同時，我身為總統，保護憲法和維護民主法治，就是我的責任。至於將來國家元首一職，由蔣家人士繼任一節，本人從未有此考慮。

二、

問：關於與大陸貿易問題：許多臺灣商人憂慮，如果中華民國政府不允許他們發展與「中華人民共和國」之間的直接貿易，將來在對這個世界最大市場的角逐中，中華民國將落在韓國、新加坡，甚至印尼之後，閣下如何紓解貴國富有企業精神同胞的憂慮？

答：中華民國不與中共通商為政府之既定政策。我國禁止進出口業者與中共交易，是因為要杜絕中共利用貿易對我進行滲透顛覆，並破壞我們的經濟計畫。中華民國是一個採行市場經濟的國家，鼓勵自由貿易。政府瞭解工商界人士積極拓展貿易的意願，他們也必能瞭解與中共直接貿易所可能遭遇的惡果與陷阱。近年來我政府一直致力於輔導工商界人士改進品質，分散市場，提昇對外競爭能力。

三、

問：關於大陸一般關係的問題：中華民國對此一問題的

立場是否像許多評論家所稱的具有任何彈性？最近香港「南華早報」一位國外版編輯預測，閣下與鄧小平一樣年事已高，且都著眼於歷史，閣下「對統一問題也許懷有相同的見解」，基於這種及其他的理由，「解決臺灣問題的初步具體方案，可能比許多人所預期的來得早。」

答：首先本人要鄭重指出，當前無所謂「臺灣問題」，事實上只有中國問題。由於臺灣地區實行民主憲政的制度，人民享有自由、安和、樂利的生活，使中共頭目們深感不安。因此，他們不惜運用各種統戰陰謀，將中國問題轉化為「臺灣問題」。中國的早日統一是全體中國人的共同願望；但是我們絕不會為了統一而剝奪中國大陸人民爭取自由民主生活的希望。我們的立場非常堅定，只要中共在大陸上實行共產制度，則雙方就絕無談判的可能。此一攸關中國前途的重大問題，不應決定於任何個人在位之長短或一己之私見，而應以全體中國人的自由意願為依歸。

四、

問：關於安全單位角色的問題：高級情治官員涉及劉宜良命案真相的披露，是否閣下及顧問們相信需要授予文職人員對軍事情報機構加以更多的節制？政府從劉案得到了什麼教訓？

答：我國政府體系中的安全單位，其職責在於防範中共的顛覆活動。此次高級情治官員涉及劉宜良命案，乃少數個人的不法行為，已經依法受到懲處。政府對此種機構，將加強嚴格管理。

五、

問：關於劉宜良案，對於此一犯罪以及後來為尋找並懲罰應負責者而舉行的調查及審判，閣下認為具有何種意義？又閣下以為此一謀殺及後來的發現對臺灣的國際形象、中美關係以及政府在人民心目中的地位造成了何種程度的傷害？

答：我國是一個民主法治的國家，任何違法行為，都必須接受公開的司法審判和處罰。涉及劉宜良案的犯罪嫌疑人，包括平民及情治人員，均已依法定程序，經過公平和公開的審判，而受到法律的制裁，並不因他們身分上的不同而受到任何差別待遇。此一事件，應可證明我國厲行法治的決心。劉案對我國在國際間的形象，雖然有不利的影響，但在有關人犯受到迅速公正的審判與制裁之後，應該可以獲得國際人士的瞭解。

六、

問：閣下最近前往金門及馬祖訪問的目的何在？這項訪問活動和臺灣增加國防預算，以及美國宣佈貴國政府將購買二百六十二枚美製地對空飛彈，是否象徵著臺灣與大陸間緊張情勢的升高？這是否就是針對中共黨總書記胡耀邦聲明中共將不排除使用武力攫取臺灣的一種反應？

答：本人一向樂於前往鄉間或外島，最近訪問金門及馬祖，乃為本人例行性的活動。

三十多年來，中共一直未曾放棄武力犯臺，對我安全威脅從未稍減，職是之故，我們必須加強防衛力量，保持高度警覺。

8月27日　星期二

下午

四時〇八分，在大直寓所見秦主任委員孝儀。

五時十七分，見沈秘書長昌煥。

五時五十六分，見馬秘書長樹禮。

8月28日　星期三

下午

三時十一分，至榮民總醫院。

五時三十五分，在榮總二樓放射線部作檢查。

七時二十分，見沈秘書長昌煥。

夜

住宿於榮總第六病房。

8月29日　星期四

上午

八時二十七分，在榮總手術室接受右眼白內障摘除手術，歷時約四十分鐘，手術進行至為順利。（施行手術者為榮總眼科主任劉榮宏大夫。）

今日上、下午至榮總探視者，有沈秘書長昌煥、馬秘書長樹禮、俞院長國華等人。

8月30日　星期五

上午

九時，在榮總見嚴前總統。

中午

十二時三十分，見蔣主任緯國。

下午

五時二十六分，見馮柱國大夫。

五時四十分，見沈秘書長昌煥。

8月31日　星期六

總統在榮總接受右眼白內障摘除手術後，視力復原情形至為迅速。今日上午十時五十分並接見李副總統，就有關問題有所垂詢。主治醫師榮總眼科主任劉榮宏，對此項手術經過，並有所說明。

下午

四時後，分別見俞院長國華、馮柱國大夫、沈秘書長昌煥、汪秘書長道淵等人。

榮民總醫院手術小組成員

副院長	姜必寧
眼科主任	劉榮宏
麻醉科醫師	李德譽　蔡勝國
眼科醫師	馮柱國　林嘉理　陳昌文

9月1日　星期日

上午

十時二十一分，在榮總見馮柱國大夫。

下午

四時二十分，見馬秘書長樹禮。

四時四十五分，見沈秘書長昌煥。

五時十五分，見榮總鄒院長濟勳。

五時三十分，見馮柱國大夫。

9月2日　星期一

上午

八時四十分，在榮總見馮柱國大夫。

中午

十二時十分，見蔣主任緯國。

下午

三時五十分，見郝總長柏村。

四時三十分，見俞院長國華。

四時五十分，見馮柱國大夫。

五時，見沈秘書長昌煥。

五時〇八分，見中央決策會趙秘書長自齊。

9月3日　星期二

今為第三十一屆軍人節暨抗戰勝利四十週年，總統特頒書面致詞，勉勵國軍英雄模範，繼續發揮工作熱忱，提振奉獻精神，為復國建國工作厚儲力量。

今日並以書面賀詞，祝賀亞太反共聯盟大會揭幕，期望團結合作，遏止共產主義洪流，共為世界自由、繁榮、和平而努力。

上午

八時四十二分，在榮總見馮柱國大夫。

下午

五時二十七分，見沈秘書長昌煥。

軍人節國軍英雄模範表揚大會書面致詞

今天是第三十一屆軍人節，也是抗戰勝利四十週年。各位在這個光榮的節日接受表揚，實在具有非常的意義，經國在此特向各位致賀，並向我全軍袍澤拜節。

先總統蔣公領導對日抗戰，是關係國族存亡的大事，有了抗戰的勝利，才使臺灣重歸祖國懷抱，也才能今天以臺灣為反共復興基地，在這裡建設三民主義模範省，為光復大陸重建自由民主安和樂利的新中國作好準備。因此，我們紀念抗戰勝利，就要飲水思源，感念蔣公的英明領導，也感念當時的軍民同胞在戰爭中所作的犧牲奉獻。並且，要把寶貴的抗戰精神，發揮到我們今天所從事的反共復國大業之中，使我們反共戰爭的最後勝利，早日來臨。

這一年來，我全軍袍澤站在不同的工作崗位上，為國軍的進步與戰力的提高而善盡心力，使國軍日益精實壯大，這是值得全體國人欣慰的，經國也要在此特別表示個人的敬佩與嘉勉之意。

各位都是來自軍中和社會的精英與典範，你們的工作熱忱與績效，都已廣被肯定，而且在建軍備戰、鞏固國防、以及促進軍民關係上，都已產生了巨大作用。希望今後繼續發揮工作熱忱，提振奉獻精神，作大眾的表率，共同促致國軍的再進步，社會的再發展，為我們復國建國的工作，厚儲力量。祝大家精神愉快，身體健康，事業成功！

亞洲太平洋反共聯盟第三十一屆大會書面賀詞

欣逢貴聯盟在東加王國舉行第三十一屆大會，號召愛好自由的反共鬥士，齊聚一堂，共同為反共的崇高理想，以「亞太地區為世界自由與繁榮的關鍵」為主題，致力研討，意義重大，本人謹代表中華民國政府與人民申致由衷的祝賀。

亞太地區人民，秉持東方傳統文化，崇尚道義，愛好和平，值此世局前途愈益繫於亞太地區安定繁榮之關鍵時刻，我亞太自由國家與人民，更宜團結合作，遏止共產主義洪流，共同為世界的自由、繁榮、和平而努力。東加王國負起地主國之責任，深值吾人敬佩。

自由、繁榮與和平，均非僥倖可得，而須不斷去爭取、去努力方能獲致。歷史的經驗顯示，沒有自由的和平只是綑綁下的苟安；沒有自由，缺乏建設的意願，也不可能達到繁榮，可見自由實在是繁榮與和平的先決條件，而反自由的共產思想與制度正是繁榮、和平的最大障礙。貴聯盟本次大會以自由繁榮為主題，代表了人類反共的心聲。

亞太地區地處反共的最前哨，諸位都是愛好自由、民主的反共領袖，未來亞太地區之安全與和平，端賴諸位卓越的領導，共同奮鬥。本人深信貴聯盟此次大會，必定有明智的決定作為今後反共行動的指針。中華民國人民具有長久的反共鬥爭經驗，為維護亞洲太平洋地區之安全與世界永久之和平，願與諸位共同盡最大的努力。

此次在東加王國開會，將使東加王國與中華民國政府與人民間之關係更趨密切，本人深感欣幸。

謹祝大會成功！各位代表與觀察員身體健康！

9月4日　星期三

上午

八時〇六分，離開榮民總醫院返回大直寓所。對醫護人員的悉心照料以及各界民眾的關懷與問候，表示感謝。

下午

五時二十分，在大直寓所見秦主任委員孝儀。

總統提名第五屆大法官人選（已提今日中常會通過）之咨文，今日下午送抵監察院。

9月5日至6日　星期四至五

【無記載】

9月7日　星期六

下午

三時三十六分，在大直寓所見俞院長國華。

五時四十二分，見馬秘書長樹禮。

9月8日　星期日

下午

二時五十七分，在大直寓所見沈秘書長昌煥。

五時十六分，見汪秘書長道淵。

八時十二分，見宋主任楚瑜。

9月9日　星期一

【無記載】

9月10日　星期二

總統特致賀詞給今（十）日在達拉斯舉行的世盟第十八屆大會，殷望鞏固聯合陣線，摧毀共產邪惡勢力。賀詞並由中華民國代表團代表，世盟理事芮正皋在開幕典禮中宣讀之。

下午

四時二十分，在大直寓所見沈秘書長昌煥。

世界反共聯盟第十八屆大會開幕典禮書面賀詞

世界反共聯盟在美國達拉斯市舉行第十八屆大會，商討「為世界自由而加強反共行動」的全球反共策略，對於加強反共形勢，必有甚大助益。當此自由民主與共產極權對抗的決勝關頭，至盼貴聯盟更進一步結合全世界自由正義力量，鞏固摧毀共產勢力的聯合陣線，開創自由戰勝奴役、民主擊敗極權的光輝時代。敬祝大會成功。

9月11日　星期三

下午

三時十九分，在大直寓所見秦主任委員孝儀。

四時〇七分，見汪秘書長道淵。

八時十四分，見宋主任楚瑜。

9月12日　星期四

上午

八時三十五分，在大直寓所見教育部李部長煥。

九時十五分，見秦主任委員孝儀。

下午

五時十分，在大直寓所見沈秘書長昌煥。

八時〇五分，見秦主任委員孝儀。

9月13日　星期五

今日明令第四屆司法院大法官陳樸生等，應於任期屆滿之日免職。並特任劉鐵錚等為第五屆司法院大法官。

上午

十時，在大直寓所見秦主任委員孝儀。

下午

四時四十二分，在大直寓所見郝總長柏村。

總統令　七十四年九月十三日

第四屆司法院大法官陳樸生、翁岳生、林紀東、翟紹先、梁恆昌、范馨香、陳世榮、鄭玉波、姚瑞光、涂懷瑩、蔣昌煒、楊與齡、楊日然、楊建華、李鐘聲、馬漢寶應於任期屆滿之日免職。

特任劉鐵錚、范馨香、馬漢寶、楊建華、翁岳生、李鐘聲、吳庚、鄭健才、翟紹先、楊與齡、楊日然、史錫恩、陳瑞堂、李志鵬、張承韜、張特生為第五屆司法院大法官。

9月14日　星期六

今日明令褒揚國民大會代表、總統府資政張其昀生前在育才與著書方面之卓越貢獻。

下午

三時二十九分，在大直寓所見俞院長國華。

四時四十三分，見馬秘書長樹禮。

五時三十二分，見秦主任委員孝儀。

八時十五分，見宋主任楚瑜。

張其昀褒揚令

　　國民大會代表、總統府資政張其昀，器識宏達，學術淹博。早歲執教國立中央大學、浙江大學。嗣歷任國民參政會參政員、教育部部長、國防研究院主任等職，並創辦私立中國文化大學。其生平猷為忠毅，操履清儉，而著書之勤，育才之篤，耋齡無倦，復足嘉稱。乃以宿疾纏綿，竟至不起，軫悼殊深，應予明令褒揚，用示政府篤念勳賢之至意

9月15日　星期日

故總統府資政、私立中國文化大學創辦人、國民大會代表張其昀之喪禮，今日上午在臺北市立殯儀館舉行。總統特派總統府秘書長沈昌煥前往致祭，並頒「學淵勛碩」輓額，表示悼念。

下午

三時二十分，在大直寓所見沈秘書長昌煥。

五時二十九分，見汪秘書長道淵。

9月16日　星期一

上午

十時四十一分，至圓山飯店理髮。

下午

三時五十五分，在府見汪秘書長道淵。

四時十分，見張副秘書長祖詒。

四時五十七分，見沈秘書長昌煥。

9月17日　星期二

下午

四時〇七分，在府見宋部長長志。

四時二十五分，見立法院倪院長文亞。

四時五十分，見郝總長柏村。

五時〇三分，見沈秘書長昌煥。

五時三十一分，見汪秘書長道淵。

五時四十六分，見宋主任楚瑜。

9月18日　星期三

上午

八時二十四分，在臺北賓館見馬秘書長樹禮。

九時，主持中常會。此為主席眼疾手術痊癒後第一次主持會議。蒞臨會場時，全體與會人員曾起立鼓掌歡迎。主席對大家的關懷與致意，亦申致感謝。會中聽取中央政策會報告監察院就總統提名大法官行使同意權的經過情形後，曾對監察院在過去一年中，督促政府施政、端正社會風氣、發揮監察功能方面所作的貢獻，表示嘉勉。認為監察院功能充分發揮，對促進國家進步有重要意義。

九時五十四分，見馬秘書長樹禮及宋主任楚瑜。

下午

五時四十九分，在大直寓所見秦主任委員孝儀。

八時十二分，見汪秘書長道淵。

9月19日　星期四

下午

四時〇五分，在大直寓所見沈秘書長昌煥。

五時三十一分，見俞國華院長。

六時三十五分，見汪秘書長道淵。

七時五十八分，見宋主任楚瑜。

9月20日　星期五

凌晨

三時二十八分，在大直寓所見汪秘書長道淵。

上午

十一時十六分，在大直寓所見秦主任委員孝儀。

下午

二時〇一分，在大直寓所見沈秘書長昌煥。

五時〇三分，見汪秘書長道淵。

五時四十五分，見秦主任委員孝儀。

9月21日　星期六

上午

八時四十分，郝總長柏村至三軍總醫院探視反共義士蕭天潤，轉達總統對他的慰問與關懷之意。

下午

三時三十四分，在大直寓所見俞院長國華。

五時四十五分，見馬秘書長樹禮。

七時五十八分，見宋主任楚瑜。

九時〇三分，見秦主任委員孝儀。

9 月 22 日　星期日

下午

三時二十九分，在大直寓所見沈秘書長昌煥。

五時三十分，見汪秘書長道淵。

八時，見郝總長柏村。

9 月 23 日　星期一

下午

四時四十七分，在大直寓所見沈秘書長昌煥。

五時五十分，見秦主任委員孝儀。

六時〇三分，見宋主任楚瑜。

八時十四分，見汪秘書長道淵。

9 月 24 日　星期二

上午

十時四十五分，在大直寓所見宋主任楚瑜。

下午

三時五十五分，在大直寓所見沈秘書長昌煥。

五時五十九分，見汪秘書長道淵。

9月25日　星期三

上午

八時二十一分，在臺北賓館見馬秘書長樹禮。

八時四十二分，見俞院長國華。

八時五十二分，見甫自中美洲三國訪問歸來之李副總統，對其促進我國與中美洲有關國家之友好關係與訪問辛勞，表示嘉勉之意。（所訪問者為哥斯大黎加、巴拿馬、瓜地馬拉等三國。）

九時，主持中常會，對連日來關於中秋節補假事宜之輿情反應，至表關切。於聽取有關主管同志意見後，希望對此事妥慎處理。

九時三十三分，見嚴常委家淦。

九時五十四分，見馬秘書長樹禮及宋主任楚瑜（後進入）。

十時〇七分，至圓山飯店理髮。

下午

三時三十二分，在大直寓所見汪秘書長道淵。

四時四十三分，見沈秘書長昌煥。

六時〇七分，見汪秘書長道淵。

八時十五分，見宋主任楚瑜。

9月26日　星期四

下午

五時十七分，在大直寓所見馬秘書長樹禮。

六時二十七分，見宋主任楚瑜。

9月27日　星期五

下午

四時三十分，在府見汪秘書長道淵。

四時五十四分，見張副秘書長祖詒。

五時二十一分，見沈秘書長昌煥。

9月28日　星期六　孔子誕辰紀念日暨教師節

總統特頒書面賀詞，向全國教師們賀節，並期勉他們效法孔子「誨人不倦」，終身以教育為職志的精神，為中華文化的傳承發展，克盡更大的責任。

上午

十時，在府內大禮堂主持大成至聖先師孔子誕辰紀念典禮。會中由輔仁大學校長羅光報告「生命在儒家的意義」。

十時二十一分，見俞院長國華。

十時五十六分，見沈秘書長昌煥。

下午

四時三十二分，在大直寓所見郝總長柏村。

五時三十二分，見李部長煥。

七時五十八分，見宋主任楚瑜。

孔子誕辰紀念日暨教師節書面賀詞

俞院長、李部長、各位教師同仁：

今天是至聖先師孔子誕辰紀念日，也是七十四年的教師節。政府以這一位偉大思想家、哲學家、教育家的誕辰紀念日明定為教師節，一方面是以孔子做萬世的師表，闡揚「尊師重道」的傳統美德；另一方面是在勉勵全國的教師們，效法孔子「誨人不倦」，終身以教育為職志的精神，為中華文化的傳承發展，克盡更大的責任。

三民主義淵源於中國固有的優良文化和正統的儒家思想，是我們立國的根本，建國的指南。今天，我們在復興基地實施三民主義的民主憲政，無論是政治、文化、經濟、軍事等方面，都獲致豐碩的成果，為舉世所公認。在這段努力奮鬥的歷程中，全國教師們均能堅守崗位、克盡職責，為培育人才而犧牲奉獻，實在功不可沒。語云：「良師興國」，深信各位教師，必能本其已有之使命，繼續努力不懈，加速教育事業的進步，以促致三民主義統一中國大業的早日完成。

欣逢教師節，本人特藉此機會向平日辛勞的教師們賀節，表達誠摯的謝意和敬意。

最後敬祝各位身體健康，佳節愉快。

9月29日　星期日

巴拿馬共和國總統阿狄鐸・巴雷達於昨（二十八）日辭

職，第一副總統德華耶經已宣誓繼任巴國總統。總統特於今日去電向巴拿馬新任總統德華耶申賀。

下午

四時五十四分，在大直寓所見汪秘書長道淵。

9月30日　星期一

下午

四時〇一分，在大直寓所見馬秘書長樹禮。

五時〇八分，見秦主任委員孝儀。

七時五十八分，見宋主任楚瑜。

10月1日　星期二

上午

十時，在府主持軍事會談。

10月2日　星期三

上午

八時三十分，在臺北賓館見馬秘書長樹禮。

九時，主持中常會，在聽取大陸工作會對中共所謂「全國代表會議」及兩次「中央全會」的報告之後，特為指出，這次共黨所召開的會議，已充分暴露出中共內部所充滿的矛盾和衝突，因此，共匪的「開放」與「變革」，至多只是「揠苗助長」，絕不可能獲致任何的成功。

十時五十五分，見馬秘書長樹禮。

下午

三時三十分，在大直寓所見沈秘書長昌煥。

10月3日　星期四

下午

三時四十五分，在府見李副總統。

四時十五分，見許主任歷農。

四時三十四分，見沈秘書長昌煥。

四時五十五分，見汪秘書長道淵。

八時，在大直寓所見宋主任楚瑜。

10月4日　星期五

下午

三時十五分，在府見汪秘書長道淵。

三時三十三分，見郝總長柏村及許主任歷農。

三時五十二分，見教育部李部長煥。

四時十五分，見財政部錢部長純。

四時四十六分，見經濟部李部長達海。

五時〇三分，見秦主任委員孝儀。

五時十八分，見沈秘書長昌煥，旋加見汪秘書長道淵。

10月5日　星期六

下午

三時二十九分，在大直寓所見俞院長國華。

四時五十一分，見馬秘書長樹禮。

六時三十三分，見秦主任委員孝儀。

七時五十九分，見宋主任楚瑜。

10月6日　星期日

上午

十時五十分，在大直寓所見秦主任委員孝儀。

十一時三十五分，見中央組織工作會宋主任時選。

下午

三時，在大直寓所見沈秘書長昌煥。

五時二十四分，見秦主任委員孝儀。

五時五十九分，見馬秘書長樹禮。

八時，見宋主任楚瑜。

10 月 7 日　星期一

下午

三時〇八分，至圓山飯店理髮。

四時十一分，在府見警總陳總司令守山。

四時二十九分，見駐美國防採購團果團長芸。

四時五十八分，見汪秘書長道淵。

五時二十一分，見馬秘書長樹禮。

五時四十分，見宋部長長志。

八時十四分，在大直寓所見宋主任楚瑜。

10 月 8 日　星期二

下午

四時十九分，在府見汪秘書長道淵。

四時四十三分，見張副秘書長祖詒。

五時〇五分，巡視大會客室。

五時二十五分，見沈秘書長昌煥。

10 月 9 日　星期三

上午

八時三十四分，在臺北賓館見馬秘書長樹禮。

九時，主持中常會。

下午

六時〇三分，在大直寓所見秦主任委員孝儀。

10 月 10 日　星期四

今日發表國慶祝詞，期勉國人，只要我們海內外一條心，團結、革新、進步，堅定反共必勝信念，強化我們建設的成果，就必能結合大陸同胞抗暴行動，加速摧毀共匪暴政，使三民主義實行於全中國。

上午

八時四十六分，在大禮堂貴賓室，見沈秘書長昌煥、馬參軍長安瀾。

九時，在大禮堂主持中樞七十四年國慶紀念典禮，並宣示國慶祝詞。

九時二十九分，在府內大會客室，接見各國駐華使節、代表及訪華外賓，接受他們對中華民國七十四年國慶的祝賀。

九時四十九分，見宋主任楚瑜。

九時五十五分，見沈秘書長昌煥。

十時二十五分，蒞臨中華民國各界慶祝七十四年國慶大會，勗勉國人秉持信心、恆心與決心，發揮「眾志作干城、一拳定天下」的氣魄與精神，完成消滅共產專政、光復大陸國土的歷史性光榮任務。

下午

五時三十五分，在大直寓所見秦主任委員孝儀。

國慶祝詞

親愛的父老兄弟姊妹們：

光輝燦爛的雙十國慶，又在海內外全體同胞的熱烈歡欣中來臨。我們一面迎接這個偉大的日子，一面看到復興基地的各項建設，自強不息，日益茁壯；三民主義統一中國的呼聲，四海同心，日益響亮。在反共建國的途程上，我們正向勝利的標竿大步邁進。

當此萬眾歡騰的時刻，我們牢記不忘的，是國父「求中國之自由平等」的叮嚀；我們念茲在茲的，是先總統蔣公「實踐三民主義、光復大陸國土」的遺訓；我們雙肩承擔的，是面對十億大陸同胞渴望自由平等的殷切期望，要為五千年文化的傳承，負起歷史再造的神聖使命！

大陸匪偽政權，在三十餘年的暴虐統治和無休止的鬥爭屠殺之後，經不起經濟衰困的殘酷考驗，壓不住廣大民眾的怒潮澎湃，不得不偽裝「溫和」「開放」的假象，撐起「四化」的幌子，企圖緩和內部反抗，騙取世人支持，來苟延它必敗的命運。其實，中共宗奉馬列邪說，以仇恨為出發，與人民為敵，不變要亂，變則要亡，無論其如何「改革」，擺脫不了馬列框架的束縛，便逃不過破亡的結局。這是人性爭取自由的壓力使然，也是歷史發展的必然。

今天我們所要指出的，是中華民國對於中共的種種統戰陰謀，瞭如指掌，所以我們決不與之妥協的既定立場絕不改變。事實已經非常清楚：中國人心的嚮往，已有目標；中國問題的解決，已有答案；也就是中國人已經作了選擇，只有在中華傳統文化蘊育而成的三民主義制度之下，才能獲得民有、民治、民享的生活。我們更要進一步指出，中華民國政府堅守反共到底的基本國策，絕不是為了政黨政權之爭，而是民族存亡之爭。我們所要奮鬥的是要以民族大義來打碎外來的馬列異端；要以民主法治來瓦解匪偽的極權專政；並以民生均富來消滅大陸的貧窮落後。只要我們海內外一條心，團結、革新、進步，堅定反共必勝信念，強化我們的建設成果，就必能結合大陸同胞抗暴行動，加速摧毀共匪暴政，使三民主義實行於全中國！

親愛的父老兄弟姊妹們，自己的國家要自己救，我們的道路要自己開。不管前途有多少艱難，我們緊緊把握民主方向，穩穩踏著憲政腳步，理直氣壯，樂觀奮鬥，發揚辛亥革命精神，最後的勝利就必屬我們。相信不久的將來，青天白日滿地紅的旗幟，必然在全大陸飄揚，自由平等的中國，必然在我們的努力中實現！

現在，就讓我們大家一起高呼：

三民主義萬歲！中華民國萬歲！

國慶大會致詞

親愛的父老兄弟姊妹們，親愛的僑胞們：

今天我們興高采烈的在復興基地慶祝光輝的雙十國慶。

七十四年以前，國父領導革命，建立了亞洲第一個民主共和國——中華民國。我們身為中華民國的國民，感覺到光榮，感覺到驕傲。

各位同胞，在過去七十四年中，中華民國政府和人民，為實行三民主義，犧牲奮鬥，打倒了無數敵人，克服了無數困難。今天我們又擔負起實踐先總統蔣公的遺訓，消滅共產專政，光復大陸國土的重責大任。此時此地，我們一方面要建設復興基地；一方面要準備重光大陸。我們必須要有反共必勝、建國必成的信心，要有承先啟後，繼往開來的恆心，更要有犧牲奮鬥，反共到底的決心。只要我們有信心、有恆心、有決心，我們堅決相信一定能夠光復大陸國土；只要我們萬眾一心，任何困難都可以克服；只要大家能夠發揮「眾志作干城、一拳定天下」的氣魄與精神，我們就一定能夠擔負並完成這一歷史性的光榮任務。

各位同胞，讓我們以堅強的決心和意志，向勝利的標竿前進，也讓我們共同高呼：

三民主義萬歲！中華民國萬歲！

10 月 11 日　星期五

下午

四時四十三分，在大直寓所見汪秘書長道淵。

八時十五分，見宋主任楚瑜。

10 月 12 日　星期六

【無記載】

10 月 13 日　星期日

下午

三時〇一分，在大直寓所見俞院長國華。

四時二十九分，見沈秘書長昌煥。

10 月 14 日　星期一

下午

四時三十九分，在府見沈秘書長昌煥。

五時十四分，見張副秘書長祖詒。

五時三十五分，見郝總長柏村。

八時，在大直寓所見宋主任楚瑜。

10月15日　星期二

上午

九時五十一分，在府主持軍事會議。

下午

四時三十九分，在府見汪秘書長道淵。

四時五十一分，見沈秘書長昌煥。

五時，主持一項座談，參與者有俞院長國華、沈秘書長昌煥、朱部長撫松、張總裁繼正、錢部長純等人。

10月16日　星期三

上午

八時二十七分，在臺北賓館見馬秘書長樹禮。

八時五十二分，主持中常會。

十時十一分，見倪院長文亞。

下午

三時五十分，在府見沈秘書長昌煥。

四時，接見美國新聞與世界報導週刊顧問馬丁。

四時三十二分，接見美國共和黨全國委員會高級顧問艾倫。

五時〇八分，見沈秘書長昌煥。

七時五十八分，在大直寓所見宋主任楚瑜。

10月17日　星期四

下午

四時二十二分，在大直寓所見沈秘書長昌煥。

六時〇三分，見馬秘書長樹禮。

七時五十八分，見聯勤溫總司令哈熊。

10月18日　星期五

下午

二時五十五分，至圓山飯店理髮。

三時五十二分，在府見沈秘書長昌煥

四時，接見美國前聯邦參議員史東。

四時四十九分，見沈秘書長昌煥。

四時五十七分，作光復節電視談話錄影。

五時二十五分，見金門防衛部宋司令官心濂。

五時三十五分，見宋主任楚瑜。

五時四十三分，見汪秘書長道淵。

10月19日　星期六

下午

三時四十五分，在大直寓所見俞院長國華。

五時十七分，見馬秘書長樹禮。

10月20日　星期日

下午

三時二十九分，在大直寓所見沈秘書長昌煥。

四時五十八分，見秦主任委員孝儀。
七時五十九分，見組織工作會宋主任時選。

10月21日　星期一　華僑節

總統特頒書面賀詞，期勉全體僑胞，宏揚中華文化與優良傳統，以粉碎中共統戰；並進而結合海內外所有中國人的反共力量，共同達成三民主義復國建國的神聖使命。

下午
三時三十六分，在府見第一局馬副局長英九。
三時四十四分，見沈秘書長昌煥。
四時，接見美國前國家安全顧問克拉克夫婦。
四時五十三分，接見日本產經新聞社社長鹿內信隆夫婦。
五時二十四分，見郝總長柏村。

華僑節書面賀詞

第三十三屆華僑節慶祝大會並轉全體僑胞公鑒：

欣逢第三十三屆華僑節，全球各地僑胞都在歡欣鼓舞共慶佳節。各位遠道回國參加盛典，不但以行動表達了全球僑胞心向祖國的赤忱，也充分顯示了「華僑為革命之母」的偉大光榮傳統。經國對我全體僑胞們在革命建國過程中所作的貢獻，表示由衷的佩慰。

去年華僑節，經國曾指出：大陸同胞莫不嚮往民主自由；並以「讓我們海內外全體愛好自由的中國同胞攜手努力，朝著三民主義的復興之路前進」來與僑胞共相期勉。年來又有許多反共義士接連不斷的從天空、從海上、自海外、自敵後回歸到自由祖國的懷抱，這是大陸同胞嚮往自由民主的明證，也是共產主義崩潰的先聲。

當此中共瘋狂施展其統戰陰謀、企圖分化我僑社、孤立我國際地位之際，深信我全體僑胞必能共體時艱、益勵志節，宏揚中華民族固有文化與優良傳統，以粉碎中共統戰策略，進而結合海內外所有中國人的反共力量，共同達成三民主義復國建國的神聖使命。

欣逢佳節，敬祝各位事業如意，大會圓滿成功。

10 月 22 日　星期二

上午

九時四十三分，在府見沈秘書長昌煥。

九時五十五分，主持一項座談，參與者有沈秘書長昌煥、汪秘書長道淵、宋部長長志、汪局長敬煦、陳總司令守山。

下午

四時〇九分，在大直寓所見汪秘書長道淵。

五時三十分，見李部長煥。

10 月 23 日　星期三

亞太國會議員聯合會第二十一屆大會，今起在諾魯共和國舉行六天。總統特致書面賀詞，期望全體代表繼續宏揚聯合會的崇高理想，為開拓亞太國家共同的光明前途而繼續努力。

上午

八時二十六分，在臺北賓館見馬秘書長樹禮。

八時三十九分，見臺灣省政府邱主席創煥。

八時五十四分，主持中常會。

九時五十二分，見馬秘書長樹禮、宋主任時選、臺灣省黨部關主任委員中、臺北市黨部陳主任委員金讓、高雄市黨部吳主任委員挽瀾。

下午

四時〇三分，在大直寓所見秦主任委員孝儀。

五時十分，見馬秘書長樹禮。

亞洲太平洋國會議員聯合會第二十一屆大會書面賀詞

亞洲太平洋國會議員聯合會第二十一屆大會全體代表公鑒：

亞洲太平洋國會議員聯合會第二十一屆大會，今天在諾魯共和國舉行，集各國國會碩彥，共同為維護亞太自由國家的安全、和平與繁榮而努力，至具時代意義。

事實顯示：亞太地區民主自由力量正不斷增進，就此而論，貴會多年來所提供之助力，貢獻至鉅，良足欽佩。深信本次會議，在各位代表之共同努力下，必能繼續宏揚貴會之崇高理想，為亞太地區帶來更多佳音。

中華民國為亞太議聯創始會員國，始終與亞太自由國家開誠合作，安危與共。值茲亞太議聯擴大其組織與功能之際，尤願竭其所能，為開拓亞太國家共同的光明前途而繼續努力。

敬祝大會成功！各位健康愉快！

中華民國總統蔣經國

10月24日　星期四

上午

九時十二分，在府見李副總統。

九時四十二分，見沈秘書長昌煥。

十時，薩爾瓦多共和國新任駐華大使尚塔那來府晉見總統並呈遞到任國書。

十時二十五分，接見國際獅子會總會會長羅伯基。

十時四十四分，見沈秘書長昌煥。

十時五十分，見中央黨部邵副秘書長恩新。

十一時〇九分，見汪局長敬煦。

今為臺灣光復四十週年紀念日前夕，特分別致函臺灣省政府主席邱創煥、臺北市市長許水德及高雄市市長蘇南成，向同胞們表示祝福之意。

下午

四時四十八分，在大直寓所見秦主任委員孝儀。

七時三十分，為光復節發表電視談話，期勉國人不僅要珍惜今日的成果，也要開創更好的明天。並且深信，以我們實踐三民主義和宏揚中華的力量，必能把最完善的經驗與成果，推展到整個中國大陸上去。

七時五十九分，見宋主任楚瑜。

致臺灣省政府主席邱創煥、臺北市市長許水德及高雄市市長蘇南成函

今逢臺灣光復四十週年，欣見三民主義的建設成果，繁榮豐碩，彌足忭慰。吾兄與省（市）府同仁為增進地方福祉及社會和諧，努力策劃，辛勤服務，績效昭著，尤深嘉佩。有關光復節各項集會，以事不克參加，尚請代向全省（市）同胞轉致祝福之忱。

光復節前夕電視談話

親愛的父老兄弟姐妹們：

大家好！

明天就是臺灣光復四十週年紀念日，首先我要祝福大家健康愉快、萬事如意。

臺灣光復四十年，也就是對日抗戰勝利四十年。回想當年，如果沒有先總統蔣公的高瞻遠矚，堅苦卓絕，就沒有抗戰的勝利；沒有全國軍民的前仆後繼，奮勇犧牲，就沒有臺灣的光復；而沒有四十年來我們的辛勤努力，和諧團結，也不會有今天的繁榮富裕。四十年的生聚教訓，使我們可以肯定的說：臺灣復興基地已是中國自由、民主的燈塔！

不過，我們都知道，國家建設的進步，是沒有止境的。我們不僅要珍惜今日的成果，也要開創更好的明天。所以我們應該隨時自勉：不可因以往的成就而輕忽了未來的挑戰；也不可因眼前的困難，而鬆懈了一貫的努力。展望未來，雖然不知還有多少障礙，需要我們去克服，但有一點可以絕對確定，我們堅持反共復國的基

本立場、堅守民主陣容和確保憲政法治的大道，決不改變。因為一切建設必須以光復大陸為目標，才能落實，才有前途；同時一切建設，也唯有在民主法治制度之下，才能更穩固、更進步。朝著這個方向，堅定不移，我們必能開創一個更富足、更幸福的將來。

親愛的同胞們，四十年來中華民國在臺灣的三民主義建設，固然創造了被人稱為「奇蹟」的「臺灣經驗」，並使全世界的中國人從這經驗中看到了中國的希望。但更重要的是，我們也從過去經驗中獲得了寶貴的啟示：經濟社會的發展，愈能保持在良好秩序中運行，愈能增進民眾的福祉。我們深信，以我們實踐三民主義和宏揚中華文化的力量，必能把最完善的經驗與成果，推展到整個中國大陸上去。那時，中興大業完成，我們每一個人，都將以曾經參與復興基地的建設為榮，以曾經投身於反共復國的使命自豪，使此時此地一點一滴的經驗，成為中國歷史上最光輝燦爛的一頁。

親愛的同胞們，今天我們不僅以無限歡欣的心情，慶祝光復臺灣這個永恆的紀念日子，同時我們也始終充滿樂觀，確信三民主義統一中國必定成功。讓我們大家彼此勉勵，精誠團結，共同迎接勝利，邁向光明！

謝謝大家。

10月25日　星期五

今為臺灣新生報創刊四十週年，總統特致函申賀，並有所期勉。

下午

五時，在大直寓所見汪秘書長道淵。

賀臺灣新生報創刊四十週年函

沈岳社長並轉臺灣新生報全體同仁：

貴報自創刊以來，於致力政令宣傳、反映地方輿情、促進文化建設、團結民心士氣，俱著績效，欣逢四十週年社慶，特申賀忱，並其繼續發揮大眾傳播功能，為三民主義統一中國大業作更大之貢獻。

蔣經國

中華民國七十四年十月二十五日

10月26日　星期六

中央社華盛頓今日專電：總統曾告訴八月間訪問中華民國的美國參議院多數黨領袖杜爾參議員及代表團，中華民國認為其與美國的關係，至關重要，並有所說明。

下午

四時十九分，在大直寓所見俞院長國華。

五時〇五分，見秦主任委員孝儀。

六時〇三分，見馬秘書長樹禮。

七時五十一分，見組工會宋主任時選。

九時五十分，見文工會宋主任楚瑜。

10月27日　星期日

下午

三時五十六分，在大直寓所見沈秘書長昌煥。

10月28日　星期一

今天陸海空三軍官校和政戰學校舉行聯合畢業典禮，總統以書面致詞，勉勵畢業學生，要以信心、恆心與決心，精誠團結、淬礪奮發，邁向勝利的大道，開創國家的新機運。

下午

三時十分，至圓山飯店理髮。

三時五十八分，在府見李副總統。

四時十八分，見張副秘書長祖詒。

四時五十三分，見郝總長柏村。

五時二十分，見沈秘書長昌煥。

陸海空三軍官校和政戰學校聯合畢業典禮書面致詞

今天是陸海空三軍官校和政戰學校舉行聯合畢業典禮，各位同學經過四年文武合一革命教育的薰陶和鍛鍊，成為一個現代的國軍軍官，經國首先要向各位表示道賀；同時對平日辛勞的教職官們，也要表示慰勉。

從今天開始，各位同學即將成為國民革命軍的新血輪、新力量，不僅在個人事業上開啟了莊嚴的一頁，同時也繼承了國民革命軍的光榮傳統，要為捍衛國家、保護人民的責任而奮鬥。深信各位必能切實體認，相互惕勵，作時代的中流砥柱。因之，在各位畢業的時候，經國特提出幾點意見，來與大家共勉。

第一、要堅定反共復國必勝必成的信心：今天我們所從事的反共戰爭，乃是民主對極權、自由對奴役、為維護歷史正義和人類尊嚴的聖戰。三十多年來，復興基地的繁榮、安定、進步，與大陸的貧窮、混亂、落後，已形成天壤之別，充分證明了三民主義的優越與共產主義的破產。我們可以肯定：反共復國大業充滿光明希望，逐步邁進勝利成功。因之，各位要堅定必勝必成的信心，更加努力，更加奮發。

第二、要秉持踏實苦幹研究發展的恆心：任何偉大事業的成功，都繫於朝夕不懈的努力。今天是個知識爆炸的時代，也是科技昌盛的時代，不踏實苦幹，便會一事無成；不研究發展，就會停滯落伍。因之，國軍戰力的精實壯大，國防基礎的堅強穩固，都有賴我們的踏實苦幹與研究發展。各位即將分發部隊，希望在不同的工作崗位上，均能奮鬥不懈，創新精進，以迎接未來更大的挑戰。

第三、要懷抱成功立業捨我其誰的決心：古今中外，凡能成大功、立大業者，必然都是「吾志所向，義無反顧」的豪傑之士。各位身為革命軍人，以救國救民為職志，尤須抱持以國家興亡為己任的決心，竭智盡忠，犧牲奉獻。深望各位不懼狂風暴雨的侵襲，不畏艱難險阻的考驗，齊心協力，奮勇前進，來為歷史立非常之功，為國家建中興之業。

親愛的同學們！各位即將離開學校，投入國軍的戰鬥行列，期望大家均能堅定反共復國必勝必成的信心，秉持踏實苦幹研究發展的恆心，懷抱成功立業捨我其誰的決心，精誠團結，淬礪奮發，邁向勝利的大道，開創國家的新機運。

祝大家身體健康，事業成功！

10月29日　星期二

上午

十時，十六位新任第五屆司法院大法官在總統府舉行宣誓儀式，由總統親臨監誓。

十時〇五分，見司法院黃院長少谷。

今日致函臺南縣佳里鎮仁愛國小教師陳益興之遺孀吳麗美女士，對陳老師因救護學生而犧牲自己生命的義行，表示悼念與慰問之意。

致吳麗美女士函

麗美老師惠鑒：

從報紙上，得知陳益興老師，因奮勇救護學生而犧牲了自己的生命。他這種偉大的愛心和義行，令我深深感動。人生自古誰無死，像陳老師這樣盡忠職守，捨身奉獻，真可以說是雖死猶生了。特寫此信，以表達我內心的哀悼和敬佩之忱，並對府上敬致慰問之意。在此艱難時刻，尚請多加保重。讓我們大家共同發揚陳老師的愛心，以慰他在天之靈。順祝

教安

蔣經國敬啟

七十四年十月廿九日

10月30日　星期三

上午

八時三十六分，在臺北賓館見馬秘書長樹禮。

八時五十三分，主持中常會，通過內定外交部新聞文化司司長王肇元出使烏拉圭共和國，現任大使夏功權另有任用，應予免職。

下午

一時十七分，在大直寓所見馬秘書長樹禮。

三時二十七分，見秦主任委員孝儀。

四時四十四分，見汪秘書長道淵。

10月31日　星期四

上午

九時，在府主持中樞紀念先總統蔣公九九誕辰大會，由行政院院長俞國華以「天地正氣、古今完人」為題，在會中報告蔣公行誼。

十時三十分，至慈湖。

十時五十分，率同十五位黨政軍代表，恭謁先總統蔣公陵寢，並獻花致祭。

十一時四十八分，返回大直寓所。

11 月 1 日　星期五

下午

三時卅一分，在府見張副秘書長祖詒。

三時五十九分，見戰略顧問劉安祺將軍。

四時三十分，見中央銀行張總裁繼正。

四時五十分，見沈秘書長昌煥。

五時卅二分，見鄒副參謀總長堅。

七時廿七分，在大直寓所見馬秘書長樹禮。

11 月 2 日　星期六

下午

四時廿九分，在大直寓所見俞院長國華。

五時四十二分，見馬秘書長樹禮。

七時五十一分，見宋主任楚瑜。

11 月 3 日　星期日

全美第四屆祭孔大典今日上午在紐約華埠容閎小學舉行，總統特致贈賀詞，並在典禮中宣讀之。

下午

三時五十五分，在大直寓所見沈秘書長昌煥。

五時十二分，見馬秘書長樹禮。

七時五十八分，見宋主席楚瑜。

11月4日　星期一

下午

三時三分，至圓山飯店理髮。

四時七分，在府見宋部長長志。

四時廿四分，見汪局長敬煦。

四時四十五分，見沈秘書長昌煥。

五時十三分，見張副秘書長祖詒。

晚

七時五十八分，在大直寓所見宋主任楚瑜。

11月5日　星期二

上午

九時五十八分，在府頒授李副總統登輝一等卿雲勳章以表彰其匡輔國政之勛勞。

十時三分，見馬秘書長樹禮。

十時四十分，見沈秘書長昌煥。

十時五十六分，見汪秘書長道淵。

下午

三時五十五分，在府見馬秘書長樹禮、組工會宋主任時選及臺灣省黨部關主任委員中。

四時五十四分，接見新加坡總理李光耀夫婦。

六時四十五分，在大直寓所見宋主任楚瑜。

11 月 6 日　星期三

上午

八時四十五分，在臺北賓館見馬秘書長樹禮。

九時，主持中常會，通過內定外交部常務次長邵學錕為我國駐哥斯大黎加特命全權大使。

九時五十三分，見沈秘書長昌煥。

十時廿一分，見馬秘書長樹禮及臺省府邱主席創煥。

下午

四時五十四分，在大直寓所見汪秘書長道淵。

七時五十八分，見組工會宋主任時選。

11 月 7 日　星期四

下午

四時四分，在大直寓所見秦主任委員孝儀。

五時十六分，見宋主任楚瑜。

七時五十八分，見教育部李部長煥。

11 月 8 日　星期五

今日發布命令特任邵學錕、王肇元出使哥斯大黎加及烏拉圭兩國。

上午

十時十二分，在大直寓所見汪秘書長道淵。

下午

四時十分，在府見宋部長長志。

四時卅七分，見沈秘書長昌煥。

五時八分，見張副秘書長祖詒。

11 月 9 日　星期六

下午

一時四十五分，在大直寓所見馬秘書長樹禮。

七時五十九分，見宋主任楚瑜。

11 月 10 日　星期日

下午

四時卅九分，在大直寓所見宋主任楚瑜。

五時四十分，見俞院長國華。

七時五十五分，見沈秘書長昌煥。

11 月 11 日　星期一

今日頒輓額「義行揚芬」以悼念陳益興老師之喪。

上午

九時五十五分，至圓山飯店理髮。

十時卅三分，在府見張副秘書長祖詒。

十一時三分，見汪秘書長道淵。

十一時十二分，見李副總統。

下午

三時五十五分，在府見沈秘書長昌煥。

四時，接見美國新聞與世界報導周刊顧問芮德。

四時十七分起，先後見沈秘書長昌煥、新任駐哥斯大黎加大使邵學錕、新任駐烏拉圭大使王肇元、宋部長長志、馬秘書長樹禮、鄒副參謀總長堅、張副秘書長祖詒。

八時，在大直寓所見宋主任楚瑜。

11 月 12 日　星期二

上午

九時四十四分，在府見張副秘書長祖詒。

十時，在府內大禮堂主持中樞紀念國父誕辰暨慶祝中華文化復興節大會，由立法院院長倪文亞在會中報告「三民主義統一中國」。

十時廿八分，見國父家屬孫治平等二十人，垂詢他們生活近況並合影留念。

十時卅一分，見倪院長文亞。

十時五十分，見鄒副總長堅、陸軍蔣總司令仲苓、海軍劉總司令和謙、空軍郭總司令汝霖、警總陳總司令守山。

十一時廿五分，見沈秘書長昌煥。

下午

四時十一分，在大直寓所見秦主任委員孝儀。

四時四十一分，見汪秘書長道淵。

五時卅一分，見宋主任楚瑜。

11月13日　星期三

上午

八時卅一分，在臺北賓館見馬秘書長樹禮。

八時四十五分，見馬秘書長樹禮、組工會宋主任時選、臺灣省黨部關主任委員中、臺北市黨部陳主任委員金讓、高雄市黨部吳主任委員挽瀾。

九時，主持中常會，通過以陳鵬仁出任中央黨史會副主任委員。

下午

八時，在大直寓所見宋主任楚瑜。

11月14日　星期四

下午

三時十八分，在府見張副秘書長祖詒。

三時五十分，見總政戰部許主任歷農。

四時九分，見退輔會鄭主任委員為元。

四時廿七分，見李副總統。

四時四十六分，見郝副總長堅。

五時七分，見陳副總長堅高。

五時廿二分，見沈秘書長昌煥。

七時五十六分，見宋主任楚瑜。

11 月 15 日　星期五

下午

三時廿九分，在大直寓所見宋主任楚瑜。

五時，見馬秘書長樹禮。

五時卅四分，見秦主任委員孝儀。

七時廿二分，見汪秘書長道淵。

八時五十七分，見馬秘書長樹禮。

11 月 16 日　星期六

今日致電總統府資政顧維鈞博士在紐約之家屬，悼唁顧維鈞博士之喪。（顧資政係於十四日晚在紐約逝世，享年九十九歲）

上午

八時，偕同夫人至力行新村第四百九十號投票所投票，選舉臺北市議會第五屆議員。

八時十五分，在大直寓所約見中央選委會主任委員吳伯雄及臺北市選委會主任委員許水德，聽取辦理選舉工作情形之報告，並慰勉全體選務人員連日之辛勞。

十一時廿五分，見宋主任楚瑜。

下午

三時十五分，見馬秘書長樹禮。

四時三分，見宋主任楚瑜。

九時十二分，見馬秘書長樹禮。

11 月 17 日　星期日

下午

四時，在大直寓所見沈秘書長昌煥。

五時五十分，見汪秘書長道淵。

七時五十八分，見宋主任楚瑜。

11 月 18 日　星期一

上午

十一時廿九分，在大直寓所見秦主任委員孝儀。

下午

二時廿五分，至圓山飯店理髮。

三時廿二分，在府見宋部長長志、鄒副總長堅、許主任歷農、汪局長敬煦、陳總司令守山、警政署羅署長張、憲兵周司令仲南、調查局翁局長文維。

三時四十八分，見汪秘書長道淵。

四時，接見美國共和黨全國委員會主席法倫可夫。

四時八分，見沈秘書長昌煥。

四時十五分，見出國訪問歸來之林副院長洋港。（林副院長訪問之國家為南非、巴拉圭及史瓦濟蘭三國。）

四時卅二分起，分別見經濟部王次長建煊、新任駐紐約辦事處吳處長祖禹、秦主任委員孝儀、新任黨史會陳副主任鵬仁、宋部長長志、汪秘書長道淵。

七時五十六分，在大直寓所見馬秘書長樹禮。

11月19日　星期二

下午

四時五十六分在大直寓所見馬秘書長樹禮。

11月20日　星期三

上午

八時廿八分，在臺北賓館見馬秘書長樹禮，旋加見邱主席創煥。

九時，主持中常會，期勉全黨同志，要切實做到「誠懇」、「踏實」、「虛心」與「革新」，以為黨為國繼續開創更光明的前途。在聽取有關從政主管同志對本年地方選舉工作的報告後，並希望當選地方公職之黨籍同志，要一心一念報黨國，忠心誠意為民眾，在未來四年任期內，向選民實踐競選諾言。

十一時，見黃院長少谷。

十一時卅分，見馬秘書長樹禮。

下午

三時卅四分，在大直寓所見宋主任時選。

四時五十三分，見宋主任楚瑜。

五時五十分，見汪秘書長道淵。

八時，見俞院長國華。

中常會談話

今年的地方公職人員選舉，已經順利完成了。

在這次地方選舉中，全體選民普遍對中國國民黨提名候選人給予支持，正顯示了民眾對執政黨政策與作為的肯定和信任，今後全黨同志定要加倍努力，以不負民眾的付託。

本黨提名的參選同志，多數獲得當選，也有少數落選，當選同志固然可喜，落選同志也不必氣餒，今後還有許多其他報效黨國、服務民眾的機會。

現在，選舉已經結束，深切希望當選的同志，在未來四年任期中，務必要腳踏實地，向選民實踐競選諾言，即：

一、為了確保國家安全與增進民眾幸福，我們要建立更美好的生活環境。

二、為了保持經濟成長與增加就業機會，我們要開創更有利的經濟情勢。

三、為了維護社會秩序與促進公平競爭，我們要健全更完整的社會體系。

四、為了提高行政效率與加強服務品質，我們要革除一切的缺失積弊。

五、為了肅清貪污舞弊與確保政治清明，我們要制訂有效的防制辦法。

六、為了充實全民生活與提升國民生活素質，我們要創造更豐富的文化休閒活動。

七、為了追求科技進步與享受科技成果，我們要開拓更新穎的科技研究發展領域。

八、為了推動地方建設與改善民生福祉，我們要施行更切實際的計畫和便民措施。

九、為了防止作奸犯科與保障地方安寧，我們要貫徹公權力的行使，消除非法危害。

十、為了健全地方自治與強化民主功能，我們要切實溝通民意，探求民隱。

同時，我們也要將其他候選人，所提具體而合理可行的政見，納入自己為民服務的工作項目中，以促進地方更和諧、更繁榮、更進步。這也就是請大家今後要一心一念報黨國，忠心誠意為民眾，為開創民主政治的光明前途，攜手努力，共同奮鬥。

11 月 21 日　星期四

下午

四時卅四分，在大直寓所見沈秘書長昌煥。

七時五十六分，見馬秘書長樹禮。

11 月 22 日　星期五

下午

三時四十九分，至榮總賓館探望孫資政運璿。

四時卅九分，在府見宋部長長志。

五時，見秦主任委員孝儀。

11 月 23 日　星期六

下午

三時五十五分，在大直寓所見馬秘書長樹禮。

五時廿三分，見宋主任楚瑜。

七時五十九分，見俞院長國華。

11 月 24 日　星期日

下午

三時卅一分，在大直寓所見沈秘書長昌煥。

五時五十七分，見秦主任委員孝儀。

七時五十八分，見宋主任楚瑜。

11 月 25 日　星期一

下午

三時二分，至圓山飯店理髮。

三時四十九分，在府見李副總統。

四時十八分，見張副秘書長祖詒。

四時四十八分，見許主任歷農。

五時六分，見鄒副總長堅。

五時廿五分，見沈秘書長昌煥。

11 月 26 日　星期二

上午

九時五十分起，先後見安全會議汪秘書長道淵、考試院孔院長德成、陸軍蔣總司令仲苓、海軍劉總司令和謙、空軍郭總司令汝霖、聯勤溫總司令哈熊、警總陳總司令守山。

下午

四時四十四分，在大直寓所見李部長煥。

11 月 27 日　星期三

上午

八時廿四分，在臺北賓館見馬秘書長樹禮。

九時，主持中常會。

十時九分，見倪院長文亞。

十時卅五分，見馬秘書長樹禮。

總統邀請巴拉圭共和國史托斯納爾總統伉儷明年訪華，時間由他們自訂。此項邀請函，由我駐巴大使王昇今天上午到總統府拜會時，親致巴國總統本人。

下午

四時，在府主持座談，參與者有俞院長國華、沈秘書長昌煥、朱部長撫松。

五時十二分，見李副總統。

五時卅四分，見張副秘書長祖詒。

11 月 28 日　星期四

世界中文報業協會第十八屆年會今在臺北揭幕。總統特頒書面賀詞，期勉新聞從業同人，要喚起民眾，辨義利，分善惡，不惑不憂，共同致力以三民主義統一中國的歷史任務。

下午

三時五十分，在府見沈秘書長昌煥。

四時，接見美國前駐聯合國大使寇克派翠克及其夫婿。

四時卅五分，接見美國聯邦眾議員拉塔夫婦、羅德夫婦、拉賀爾先生及理查森夫婦等七人。
四時五十七分，見沈秘書長昌煥。
五時十八分，見宋部長長志。

晚

八時，在大直寓所見郝總長柏村。

世界中文報業協會第十八屆年會書面賀詞

世界中文報業協會第十八屆年會各位女士先生：

貴會上次在中華民國復興基地舉行年會至今已經六年，六年來貴會成員在世界各地，均能堅守傳播中華文化的崗位，秉持新聞工作的理想，對於促進世界各地區同業的合作，提昇中文報紙的素質，擴大對讀者的服務，獻替良多，令人深感敬佩。

大眾傳播事業是社會的公器，對於國家進步與社會發展具有極大的推動和引導力量。值此自由與極權、正義與邪惡鬥爭激烈的大時代中，如何喚起民眾，嚴義利之辨，審善惡之分，不為共產邪說所惑，不因一時困頓而憂，共同致力於以三民主義統一中國的歷史任務，實為我全體新聞從業同仁無可旁貸的重責大任。

各位都是中文報業的領導人士，深信必能善體本身責任的重大，利用此一聚會，集思廣益，精益求精，和衷共濟，堅忍圖成，朝著我們共同的理想與目標，攜手邁進。

敬祝大會圓滿成功！各位健康快樂！

總統蔣經國

11 月 29 日　星期五

下午

四時十四分，在府見朱部長撫松。

四時四十二分，見宋部長長志。

五時一分，見沈秘書長昌煥。

五時卅一分，見宋部長長志。

五時四十分，見宋主任楚瑜。

11 月 30 日　星期六

下午

三時卅一分，在大直寓所見俞院長國華。

四時五十分，見馬秘書長樹禮。

七時五十九分，見宋主任楚瑜。

12月1日　星期日

上午

十時五十二分，在大直寓所見秦主任委員孝儀。

下午

三時廿九分，在府見沈秘書長昌煥。

五時八分，見郝總長柏村。

七時五十八分，見汪秘書長道淵。

12月2日　星期一

下午

三時四十分，在府見馬參軍長安瀾。

三時五十三分，見沈秘書長昌煥。

四時，接見即將卸任離華來府辭行之巴拿馬共和國駐華大使謝南洛。

四時二十分起，先後見沈秘書長昌煥、金防部宋司令官心濂、東引王指揮官易謙、中央黨部邵副秘書長恩新、國家安全局汪局長敬煦等。

七時五十四分，在大直寓所見馬秘書長樹禮。

12月3日　星期二

上午

十一時十五分，在大直寓所見秦主任委員孝儀。

12月4日　星期三

今日明令特任陸軍二級上將汪敬煦為總統府參軍長。

上午

八時卅八分，在臺北賓館見馬秘書長樹禮。

九時，主持中常會。

十時二分，見高戰略顧問魁元。

十時十七分，見馬秘書長樹禮。

下午

三時四十六分，在大直寓所見秦主任委員孝儀。

四時廿九分，在府見李副總統。

五時六分，見沈秘書長昌煥。

晚

七時五十九分，在大直寓所見宋主任楚瑜。

12 月 5 日　星期四

上午

九時五十分起，在府先後見十軍團趙司令萬富、三軍大學陸軍學院汪院長多志、行政院林副院長洋港、國家安全會議汪秘書長道淵。

下午

三時五十六分，在府見警總陳總司令守山及警政署羅署長張。

四時廿七分，見郝總長柏村。

四時四十五分，見張副秘書長祖詒。

五時十分，見沈秘書長昌煥。

七時五十八分，在大直寓所見馬秘書長樹禮。

12 月 6 日　星期五

下午

五時五十三分，在大直寓所見秦主任委員孝儀。

12 月 7 日　星期六

下午

四時七分，在大直寓所見俞院長國華。

五時卅二分，見秦主任委員孝儀。

八時，見馬秘書長樹禮。

12 月 8 日　星期日

下午

四時三分，在大直寓所見沈秘書長昌煥。

五時四十六分，見汪秘書長道淵。

七時四十八分，見宋主任楚瑜。

12 月 9 日　星期一

上午

十時六分，至圓山飯店理髮。

十時五十九分，在府見宋部長長志。

下午

三時四十六分，在大直寓所見沈秘書長昌煥。

四時接見美國在臺協會理事會主席丁大衛及臺北辦事處

處長宋賀德，並以茶點款待。

12 月 10 日　星期二

上午

九時廿五分，在府見前駐烏拉圭共和國大使夏功權。

九時四十五分，見郝總長柏村。

九時五十五分，主持軍事會談。

十一時六分，見俞院長國華。

下午

八時三分，在大直寓所見馬秘書長樹禮。

12 月 11 日　星期三

上午

八時廿五分，在臺北賓館見革命實踐研究院吳副主任俊才。

八時卅二分，見馬秘書長樹禮。

八時五十四分，主持中常會。

十時廿六分，見中央常務委員余紀忠。

下午

三時五十四分，在大直寓所以茶會款待余南庚博士夫婦及趙聚鈺夫人。

七時五十七分，在大直寓所見汪秘書長道淵。

12 月 12 日　星期四

總統府秘書長沈昌煥今天代表總統接見美國著名政治漫畫家勞瑞夫婦，並接受勞瑞為中國人所創作的漫畫人物「李表哥」。

上午

九時四十一分，在府見馬參軍長安瀾。

九時五十一分，見沈秘書長昌煥。

下午

五時九分，在大直寓所見秦主任委員孝儀。

七時五十八分，見馬秘書長樹禮。

12 月 13 日　星期五

今日報載：總統已致電瓜地馬拉共和國總統當選人席瑞索申賀。

下午

三時五十八分，主持座談會，參加人員有俞院長國華、沈秘書長昌煥、朱部長撫松。

四時廿六分，見行政院俞院長國華。

四時四十分，見張副秘書長祖詒。

五時，見行政院馬政務委員紀壯。

五時廿一分，見沈秘書長昌煥。

12 月 14 日　星期六

下午

三時五十九分，在大直寓所見俞院長國華。

五時十六分，見馬秘書長樹禮。

八時，見宋主任楚瑜。

12 月 15 日　星期日

下午

三時五十分，在大直寓所見沈秘書長昌煥。

五時五分，見俞院長國華。

五時五十五分，見馬秘書長樹禮。

12 月 16 日　星期一

今（十六）日為巴林國慶日，總統特致電向巴林元首艾沙申賀。

下午

一時五十一分，至圓山飯店理髮。

二時卅五分起，在府先後見汪參軍長敬煦、國家安全局宋局長心濂、國家安全會議汪秘書長道淵。

三時廿六分，見馬政務委員紀壯。

四時，接見史瓦濟蘭王國外交部長恩尼西及禮賓司長杜貝。

四時十分，見沈秘書長昌煥及朱部長撫松。四時十五分朱部長先行退出。

四時廿六分，見宋部長長志。

八時三分，在大直寓所見組織工作會宋主任時選。

12月17日　星期二

下午

五時廿四分，在大直寓所見郝總長柏村。

七時五十九分，見宋主任楚瑜。

12月18日　星期三

上午

八時廿五分，在臺北賓館見馬秘書長樹禮。至八時五十分加見臺灣省黨部關主任委員中。

九時，主持中常會，內定外交部亞東太平洋司司長沈仁標繼任我駐薩爾瓦多共和國特命全權大使，我駐斐濟代表處代表甯紀坤亦經內定為駐索羅門群島特命全權大使。

十時六分，見馬秘書長樹禮。

下午

四時四十三分，自大直寓所見汪秘書長道淵。

12月19日　星期四

下午

五時卅七分，在大直寓所見聯勤溫總司令哈熊。

七時五十七分，見馬秘書長樹禮。

12 月 20 日　星期五

七十四年全國好人好事代表於今日接受表揚，總統特頒書面賀詞，希望此項表揚運動的影響不斷擴大，使人人見賢思齊，共同創造一個更安定、更祥和更美好的明天。

上午

九時一分，在府見張副秘書長祖詒。

九時卅五分，見退輔會鄭主任委員為元。

十時三分，新任參軍長汪敬煦宣誓就職，總統親為監誓。

十時六分，見李副總統。

十時廿五分，見行政院張政務委員豐緒。

十時五十六分，見宋部長長志。

十一時八分，見沈秘書長昌煥。

下午

五時十分在大直寓所見秦主任委員孝儀。

全國各界表揚七十四年好人好事代表大會書面賀詞

全國各界表揚七十四年好人好事代表大會主席並轉全體好人好事代表鈞鑒：

　　欣逢中華民國各界表揚七十四年好人好事代表大會，本人特向光榮當選接受表揚的各位代表，敬致祝賀之忱。

中華文化的主要內涵是民胞物與的仁愛精神，這種精神也是我國倫理道德的根本，足以激濁揚清，導使人類社會步入理想境界。

好人好事都是仁民愛物的典型。自民國四十七年推行好人好事的表揚運動以來，對於弘揚倫理道德，導正社會風氣，已產生了良好的啟迪和示範作用，足資欣慰。

本人希望接受表揚的代表益加奮勵，行健不息，也虔盼表揚運動的影響不斷擴大，人人見賢思齊，相率為善，共同創造一個更安定、更祥和、更美好的明天。

12月21日　星期六

今日明令褒揚已故國民大會代表孫震。

今日明令任命沈仁標為中華民國駐薩爾瓦多共和國特命全權大使，甯紀坤為中華民國駐索羅門群島特命全權大使。

下午

三時五十五分，在大直寓所見俞院長國華。

五時廿四分，見馬秘書長樹禮。

七時五十七分，見宋主任楚瑜。

孫震褒揚令

國民大會代表、總統府國策顧問、陸軍二級上將孫震，志存匡濟，學裕韜鈐。早歲參與辛亥革命，陳力戎行，歷膺重寄，率部轉戰晉、魯、蘇、皖、豫、鄂諸省，勳勞尤著。晚年宣勤憲政，貢獻亦多，茲聞病逝，軫念良深，應予明令褒揚，以示政府篤念忠勳之至意。

12 月 22 日　星期日

上午

十時卅分，在大直寓所見秦主任委員孝儀。

下午

四時一分，在大直寓所見沈秘書長昌煥。

八時，見汪秘書長道淵。

12 月 23 日　星期一

下午

二時四十五分，至圓山飯店理髮。

四時十八分，在府見沈秘書長昌煥。

四時五十五分，見郝總長柏村。

五時八分，見馬秘書長樹禮。

12 月 24 日　星期二

今日發布明令：陸軍中將趙萬富晉任為陸軍二級上將、海軍中將葉昌桐晉任為海軍二級上將、空軍中將陳燊齡晉任為空軍二級上將。

今為本黨中央評議委員會議主席團主席薛岳九秩壽辰，主席特頒贈中山獎章一座，以表彰其對黨國之功績。

下午

三時四十一分，在府見郝總長柏村。

三時四十九分，見沈秘書長昌煥。

三時五十八分，接見韓國國政諮問委員丁一權，並以茶點款待。

四時五十三分，見沈秘書長昌煥。

12月25日 星期三 行憲紀念日

特發表文告，昭示國人，復興基地堅守三民主義憲政，不但要傳承民族文化的薪火，更要實現大陸同胞渴求民主自由的願望。

上午

八時五十二分，在中山堂見光復會薛主任委員岳。

九時，主持七十四年行憲紀念大會、憲政研討會第二十次全體會議，及國民大會代表七十四年度年會之聯合開會典禮，並在口頭補充致詞中，特就兩個問題（下任總統必依憲法產生及不會以實施軍政府的方式來統治國家）作明確說明。

十時廿二分，在大直寓所見秦主任委員孝儀。

下午

四時卅一分，在大直寓所見馬秘書長樹禮。

八時，見宋主任楚瑜。

中華民國七十四年行憲紀念大會國民大會憲政研討委員會全體會議和國民大會代表年會聯合開會典禮致詞

諸位代表先生：

中華民國七十四年行憲紀念大會、國民大會憲政研討委員會全體會議和國民大會代表年會，今天聯合舉行開會典禮，經國躬逢盛會，深感榮幸。首先要對諸位代表先生多年來操危慮患的忠貞志節，和宏揚憲政的堅毅情操，敬表由衷的欽佩。

今年欣逢國父孫中山先生一百二十歲誕辰，又是先總統蔣公領導對日抗戰勝利、光復臺灣四十週年，我們紀念行憲、追懷兩位領袖救國救民的豐功偉業，展望國家憲政的前途，心中實有無盡景慕，也無限感奮！

國父奮鬥革命，締造民國，畢生心血結晶於三民主義和五權憲法的建國理想。先總統蔣公繼承國父遺志，淬礪國人，把國父的心血和理想融注於中華民國憲法之中，歷經千迴百折，於萬難中公布了負荷全民重託的憲法。今日我們重讀蔣公在制憲國民大會的開幕致詞中所說：「實行三民主義的憲政，是國父畢生盡瘁的一個最大志願，……要紀念國父，惟有以召開國民大會制頒憲法，來紀念我們革命建國的導師。」又說：「我們的理想，就是國父遺留的三民主義和五權憲法；我們國家的現實，就是國家社會自抗戰以來經過長期間的演變和進步。惟有理想與現實兼顧的憲法，纔是適合國情而完善可行的憲法，纔能為國家策長治久安，為同胞謀真正幸福。」由此可見兩位偉人非常的胸懷，和為國為民的職志，何等崇高，何等遠大！

回溯我們立憲的國史，由民初的「臨時約法」，到「五五憲草」，迄憲法的制定公布，其間國家內外處境無比困難，尤其經過八年全民浴血犧牲的抗戰之後，兵敝民困，匪禍正烈，政府仍毅然將憲法付諸施行；即使共匪竊據大陸，形勢險惡，而政府在復興基地行憲的信念與恆心，也從無動搖，這樣艱辛的奮鬥歷程，可謂堅苦卓絕。因之，我們紀念行憲，實有格外莊嚴的歷史意義。

中華民國憲法的根本精神，在「鞏固國權、保障民權、奠定社會安寧、增進人民福利」，也就是國父三民主義理想的體現。今日，我們在復興基地的一切建設，莫不是為了光復大陸、再造中華；一切作為，莫不是本著天下為公，確保全民幸福，貫徹憲法為國為民的根本精神。而三十多年來，我們致力憲政建設所獲得的豐碩成果，已經驗證了這部三民主義憲法是最適合中國需要的憲法，也為中國的未來指出了光明可行的大道，更深深堅定了我們護憲制敵、必勝必成的信心。

諸位代表先生，當茲國步多艱，匪共謀我之心日熾，復興基地堅守三民主義憲政，真是任重道遠，不但要傳承民族文化的薪火，更要實現大陸同胞渴求民主自由的願望。讓我們更團結，更堅忍，萬眾一心，以一貫的恆心與信心，再接再厲，奮鬥到底，勝利成功就必屬我們，三民主義憲政必將重光大陸！

口頭補充致詞

國父建立民國以來，已有七十四年。先總統蔣公領導抗戰勝利、光復臺灣以來，也已有四十年。在此期間，我們有成功的時候，也有挫敗的時候，但是我們為實現三民主義而奮鬥的目標與方向，從來沒有變過，也永遠不會變。

對各位代表先生，為保護憲法，實施憲政而努力奮鬥的精神，經國謹表欽佩和敬意。

一年半以前，經國受代表先生們的付託，就任第七任總統，雖然一直盡心盡力做好自己的工作，但是在這一年半中卻發生了許多災難。這些災難，有的是天然的，有的是人為的，但是都為國家和同胞帶來了不少的損害。經國為此而感覺到寢食不安。今後，只有一本任勞任怨，奮發圖強的決心，繼續奮鬥，來克服一切的艱難，開創國家光明的前途。期望我們大家，為了反共的勝利、復國的成功，必須要堅定信心，也就是要堅信三民主義的必然勝利及共產主義的終歸失敗。

今日最重要的是我們要加強內部的團結，這也就是說，我們大家要互信、互助、互諒；同時也要守法、守分、守紀。執政黨——中國國民黨的基本精神，就是一個誠懇的「誠」字和勤勞的「勤」字。只要能貫徹這種精神，必然能夠完成三民主義統一中國的任務。

現在，有兩個問題，經國想做一個明確的說明：

第一就是，總統繼任者的問題。這一類的問題，只存在於專制與獨裁的國家。在我們以憲法為基礎的中華民國，根本是不存在的。因為我們立國的基礎是以憲法為依據的，所以下一任總統，必然會依據憲法而產生，那就是，由貴會代表先生們代表全國國民來選舉產生之。有人或許要問，經國的家人中有沒有人會競選下一任總統？我的答覆是：不能也不會。

第二、我們有沒有可能以實施軍政府的方式來統治國家？我的答覆是：不能也不會。執政黨所走的是民主、自由、平等的康莊大道，絕不會變更憲法。同時，也絕不可能有任何違背憲法的統治方式產生。民國卅八年初，毛匪澤東向我們中央提出「和談八項條件」，其中一項是「廢除憲法」，另一項是「廢除中華民國法統」。先總統蔣公堅決拒絕了這些條件。政府遷臺之後，蔣公復行視事，並且宣示，今後的奮鬥方向就是要重建三民主義的中華民國，今天，我們就是朝這個方向做我們最大的努力。簡要地說，在經濟方面，我們要求發展和均富，縮短貧富距離；在政治方面，我們要求和諧和安定，消除貪汙及特權。

國民代表大會與中華民國的命運是不能分的。國民代表大會的存在，就是中華民國法統的存在。只要我們精誠團結、努力前進，就一定能把中華民國憲法帶回大陸。

經國自己知道今日的體力，自然不能同當年開發橫貫公路和從事十大建設時期相比擬。但是自己愛國愛民的意志和信心，卻因為歲月的增加而更加堅定。這是可以告慰於各位代表先生的。祝各位先生身體健康！中華民國國運昌隆！

謝謝大家。

12 月 26 日　星期四

下午

五時四十二分，在大直寓所見汪秘書長道淵。

七時五十七分，見宋主任時選。

12 月 27 日　星期五

下午

四時廿三分，在府見沈秘書長昌煥。

四時四十五分，見宋部長長志。

五時，見張副秘書長祖詒。

12 月 28 日　星期六

今日電復國民大會全體代表，對於日前代表們之致電，表示謝忱。

下午

三時四十三分，在大直寓所見俞院長國華。

五時十七分，見馬秘書長樹禮。

電復國民大會全體代表電文

第一屆國民大會全體代表公鑒：

（七四）亥有代電敬悉。各位代表先生於七十四年年會，發抒讜論，弘揚憲政，精誠謀國，彌深敬佩。復承策勵，謹申謝忱。際此歲序更新，尚望堅忍奮發，團結和諧，同為復國建國大業的勝利成功而努力。順頌春釐。

蔣經國

12月29日　星期日

下午

四時廿七分，在大直寓所見沈秘書長昌煥。

12月30日　星期一

下午

四時三分，在大直寓所見返國述職之北美事務協調委員會駐美錢代表復。

12月31日　星期二

今日頒令褒揚已故國民大會代表鄭通和。

下午

四時五十八分，在大直寓所見宋主任楚瑜。

鄭通和褒揚令

國民大會代表鄭通和，志行耿介，才學優長。歷任上海中學校長、甘肅省政府教育廳長、臺灣大學教授兼訓導長、教育部政務次長等職。復應聘南洋，主持沙撈越古晉第二中學及汶萊詩里亞中正中學，樹立僑校楷模。歸國後參贊各級教育改革，繼長中國醫藥學院。綜其生平，育才不倦，施教有方，盛年遠播聲華，耄齡仍竭心力。茲聞病逝，良深悼念，應予明令褒揚，以昭懋績，而表忠貞。

民國日記 72

蔣經國大事日記（1985）

Daily Records of Chiang Ching-kuo, 1985

主　　編　民國歷史文化學社編輯部
總 編 輯　陳新林、呂芳上
執行編輯　林弘毅
美術編輯　溫心忻
封面設計　溫心忻
文字編輯　詹鈞誌

出　　版　開源書局出版有限公司
香港金鐘夏慤道 18 號海富中心
1 座 26 樓 06 室
TEL：+852-35860995

民國歷史文化學社有限公司
10646 台北市大安區羅斯福路三段
37 號 7 樓之 1
TEL：+886-2-2369-6912
FAX：+886-2-2369-6990

http://www.rchcs.com.tw

初版一刷　2021 年 5 月 20 日
定　　價　新台幣 350 元
港　幣　90 元
美　元　13 元
I S B N　978-986-5578-29-9

國家圖書館出版品預行編目 (CIP) 資料
蔣經國大事日記 (1985) = Daily records of Chiang Ching-kuo, 1985/ 民國歷史文化學社編輯部主編 . -- 初版 . -- 臺北市 : 民國歷史文化學社有限公司 , 2021.05

面； 公分 . -- (民國日記 ; 72)

ISBN 978-986-5578-29-9 (平裝)

1. 蔣經國　2. 臺灣傳記

005.33　110006862